LES ARTS FRANÇAIS

L'ART DE LA CHAMPAGNE

RÉGION DE TROYES

L'Art de la Champagne (Région de Troyes)

ERRATUM

Il faut lire :

Pages

8	..Paisy-Cosdon,	*au lieu de* Gaisy-Cosdon.
9	..Saint-Lupien,	» » Saint-Lupieux.
15	..Hôtel de Mauroy,	» » Hôtel de Maury.
	..Messon,	» » Merson.
	..Ricey-bas,	» » Brécy-bas.
16	..Estissac,	» » Estivrac.
	..Vendeuvre,	» » Vandeuvre.
19	..Virey-sous-Bar,	» » Virey-sous-Bac.

21 et 22 ..*Reporter tout le passage commençant par les mots :* « aux environs de Troyes, ce serait surtout à Rumilly-les-Vandes », *et finissant par ceux :* « à une toute autre école que les statues des apôtres », *à la page 23, in fine, après les mots :* « Tableau du Trépassement de Notre-Dame ».

28	..St-Parres-les-Tertres,	*au lieu de* St-Paul-les-Vertus.
29	..Collégiale de St-Etienne »	» Cathédrale de St-Etienne.
	..Jubrien et Cochot,	» » Jubier et Cochet.
	..M. Morin,	» » M. Martin.
32	..Friquet,	» » Riquet.
33	..Herluyson,	» » Kerluyson.
51	..Fichot,	» » Pichot.
	..Château de Polisy,	» » Palisy.
55	..Nicole Pithou,	» » Pithon.
57	..Aulmoire,	» » Arlmoire.
	..Dominicque Florentin »	» Dominicque Fiorentin.
59	..Corrard de Bréban,	» » Conrard de Bréban.
	..Mignard,	» » Mignart.

PL. I

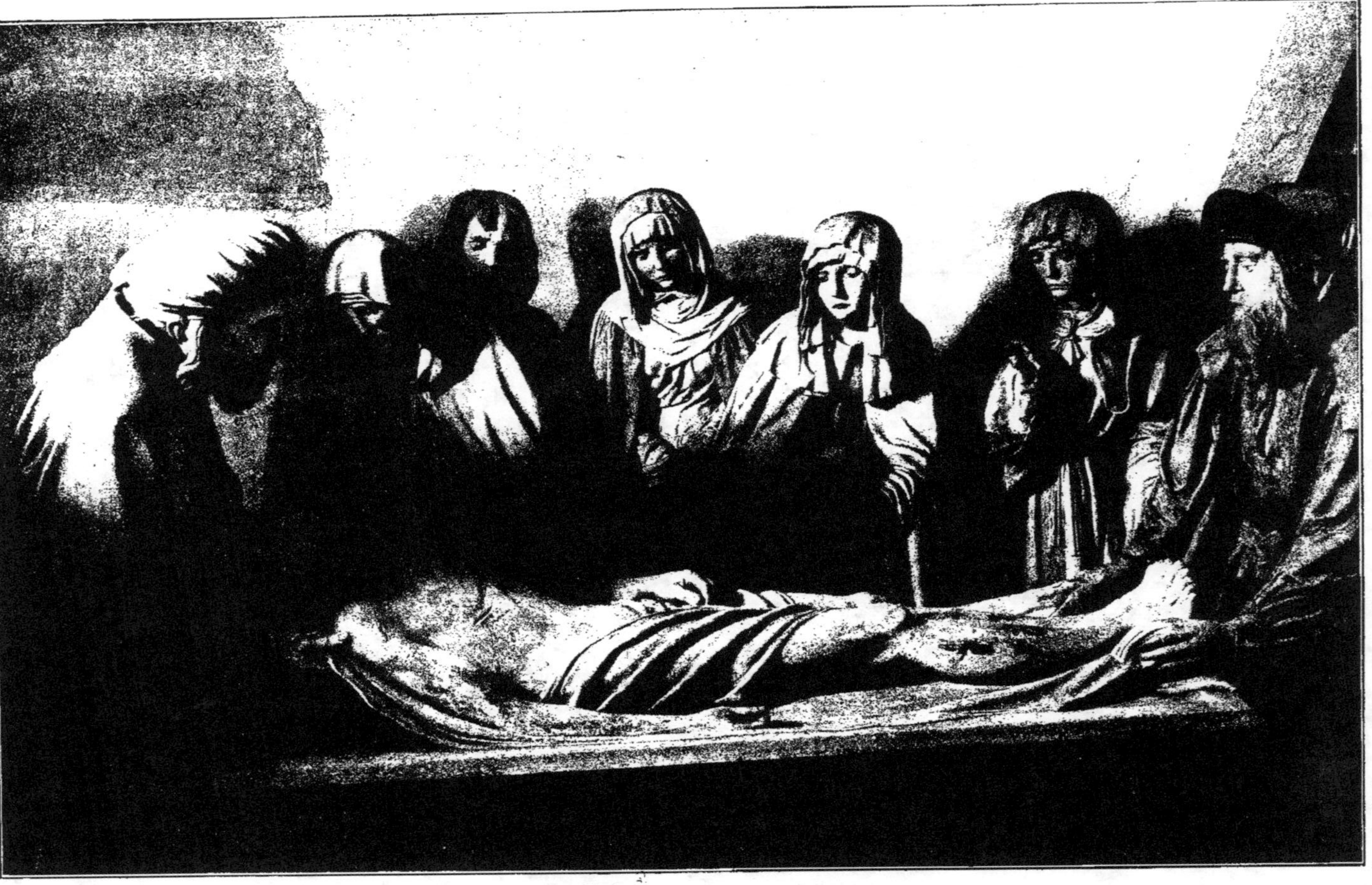

L'Art de la Champagne (Région de Troyes)

ERRATUM

Il faut lire :

PL. I

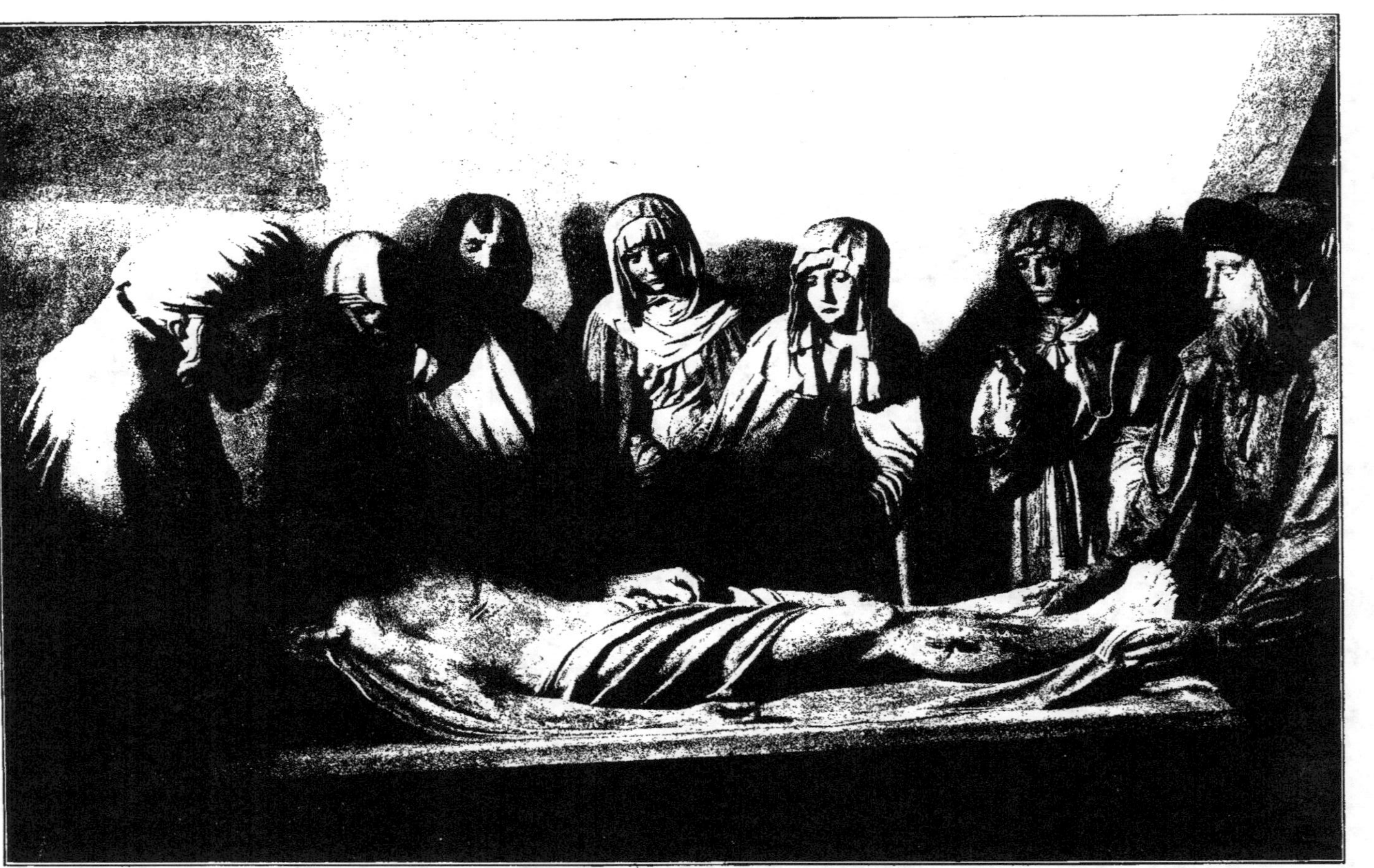

LES ARTS FRANÇAIS

L'ART
DE
LA CHAMPAGNE

RÉGION DE TROYES

PAR

A. BABEAU

MEMBRE DE L'INSTITUT

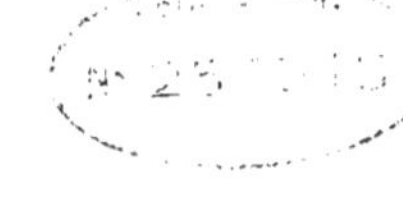

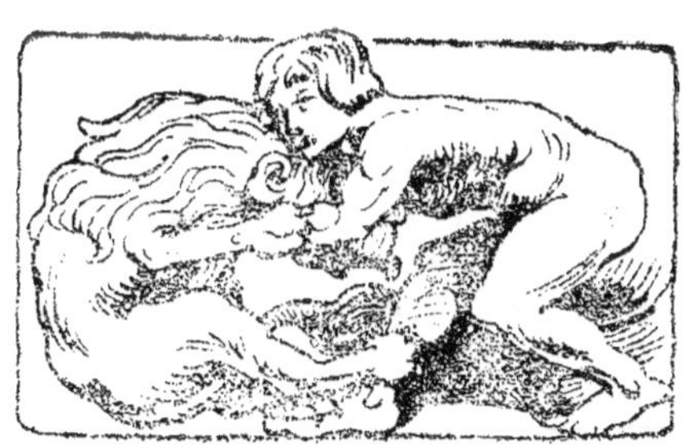

PARIS

E. DE BOCCARD, Éditeur

1, rue de Médicis, 1

L'ARCHITECTURE

LA SCULPTURE

LA PEINTURE

L'ART DE LA CHAMPAGNE

RÉGION DE TROYES

INTRODUCTION

A région de la Champagne dont la ville de Troyes occupe le centre est formée par la large vallée de la Seine, bornée à l'est et à l'ouest par des mamelons au-delà desquels s'étendent de vastes forêts. Vers le nord se déroulent des plaines crayeuses, au sud, des collines pierreuses ; c'est une contrée au climat tempéré, aux horizons calmes, avec des plantations d'un aspect reposant sur le bord des cours d'eau. Rien de particulier dans la nature ne semblerait y provoquer des manifestations spéciales de l'art, si l'on ne savait que c'est dans des pays moins accidentés encore, comme la Hollande, que se sont développés les génies les plus épris de vigueur, de coloris, et de réalité.

Les traces qu'ont laissées dans cette partie de la Champagne les civilisations qui se sont succédées en France sont minimes ; on ne saurait leur assigner un caractère local avant le xiiie siècle, où l'art gothique du nord de la France a fait surgir des souches vigoureuses. C'est au xvie siècle surtout que se révèle, principalement dans les arts de la sculpture et de la peinture sur verre, un art véritablement original, modifié sans doute par des greffes étrangères, mais ayant ses racines dans le sol même. Sans attribuer aux influences extérieures et matérielles plus de portée qu'elles n'en ont réellement, ne serait-il pas permis de dire que le caractère tempéré et les teintes adoucies du paysage ont pu influer sur la grâce et l'élégance des sculptures de la première renaissance et n'ont pas été étrangers à l'éclosion du talent justement renommé des Mignard et des Girardon?

ÉPOQUES ROMAINE ET MÉROVINGIENNE

L'art proprement dit n'a pas laissé de traces dans la région de Troyes avant la domination romaine. Les époques préhistoriques ont présenté, surtout sur les plateaux de l'ouest, quelques monuments mégalithiques dont un certain nombre a été reconstitué, de nos jours, dans la cour du Musée de Troyes ; des ustensiles des périodes de la pierre taillée et de la pierre polie ont été aussi recueillis ; mais il faut arriver aux siècles de la domination romaine pour rencontrer des ustensiles, des armes, des fragments décoratifs, des sculptures, où se révèle un véritable sentiment de l'art. Cet art ne paraît avoir aucun caractère local : il est importé d'Italie, et même de Grèce. Les belles poteries rouges à figures et à ornements variés dont on a trouvé de nombreux spécimens, ont été moulées sur des modèles venus de l'Asie Mineure ; les remarquables fragments de mosaïque, découverts à Troyes, à Gaisy-Cosdon et ailleurs, ont été exécutés sur des dessins, et d'après des procédés transalpins. Les statues et les statuettes de bronze que contient le Musée, portent aussi l'empreinte d'un art importé. Citons, parmi les bronzes, une amphore, un *eunochoé* du IVe siècle, et surtout une statue de dimension moyenne, représentant un *Apollon*, et qui est un chef-d'œuvre, découverte sur le territoire du village de Vaupoisson ; elle peut être regardée comme une des productions les plus nobles et les plus pures de l'art du bronze dans l'antiquité.

Plus fruste était une tête en marbre qui fut trouvée dans la ville même, au XVIIIe siècle, et que Montfaucon regardait comme une image du *Bacchus indien ;* si le Musée n'en possède que le moulage, il a pu recueillir des fragments de fresques, de mosaïques, et d'autres, provenant en partie des ruines de la cité romaine de *Vertavet*, aux confins du département de la Côte-d'Or.

Les joyaux et des armes de la fin de l'Empire romain, ou du commencement de l'époque mérovingienne, ont été trouvés sur différents points de la région, notamment à Pouan, les armes, dites de Pouan, qui ont été données au Musée de Troyes par Napoléon III. Sont-elles des épaves des luttes provoquées par l'invasion des Huns ? Toujours est-il qu'elles sont très remarquables ; avec leurs pommeaux

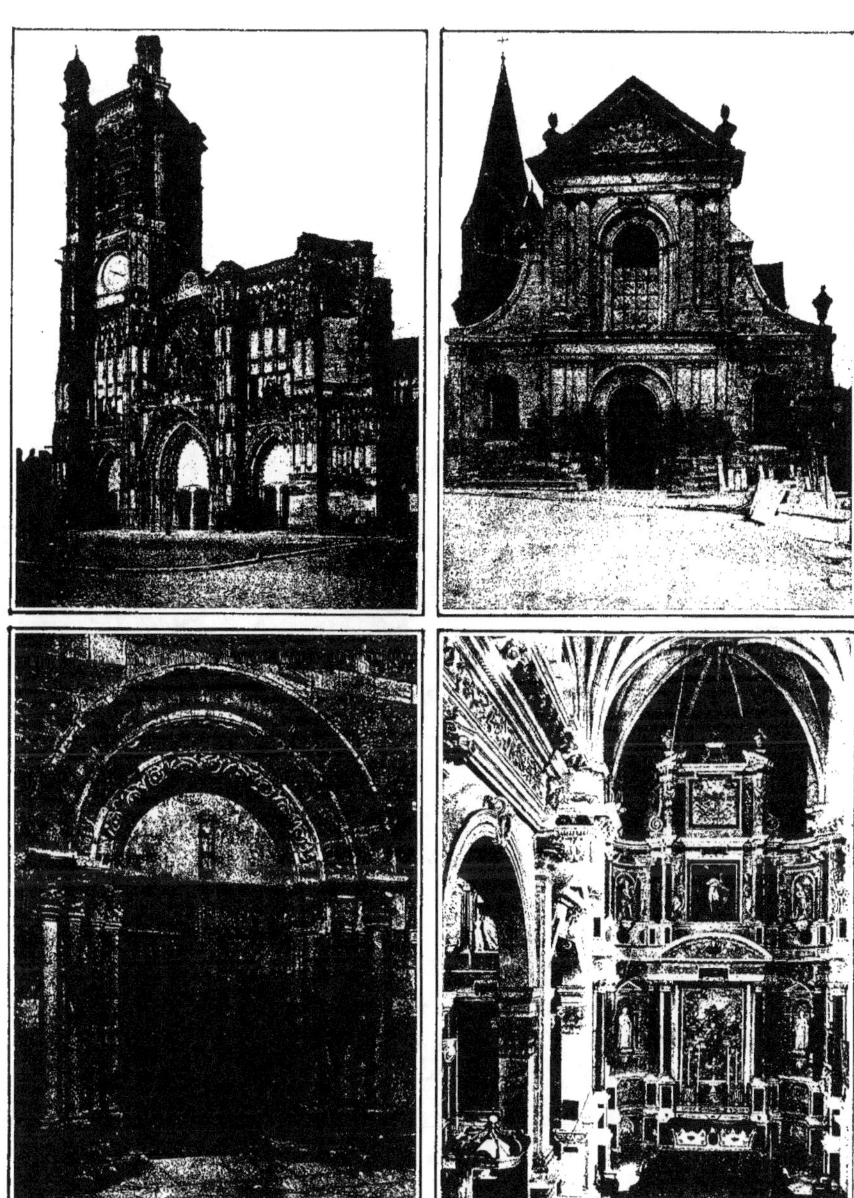

ARCHITECTURE RELIGIEUSE

(En commençant en haut, à gauche). TROYES. Cathédrale, façade ouest (XVe et XVIe siècles).
BAR-SUR-AUBE. Église Saint-Maclou, façade ouest restaurée (fin du XVIIe siècle).
LANGRES. Cathédrale Saint-Mammès. Porte sur la façade nord, restaurée (XIIe siècle).
CHAUMONT. Chapelle du Collège. Rétable du maître-autel, par J.-C. Bouchardon (XVIIIe siècle).

de verroterie rouge cloisonnée d'or, leurs colliers, leurs bracelets, leurs fibules d'or, elles attestent la richesse et le goût de ceux qui les ont portées, notamment d'un chef barbare dont le nom d'*Heva* est gravé sur un anneau d'or.

Des monnaies gauloises et gallo-romaines ont été recueillies sur diverses parties du territoire. Notons aussi, parmi les pièces d'orfèvrerie du Musée de Troyes, un anneau d'or portant le nom d'*Eulocé* ; et comme il a été trouvé au village de Villery, où l'on croit que s'est faite la première entrevue de CLOVIS et de CLOTILDE, la légende s'est formée que cet anneau avait appartenu à l'un des compagnons de Clovis.

D E l'époque mérovingienne, il ne subsiste que des sarcophages dénués d'ornements et que le temps a respectés, parce qu'ils avaient contenu les restes des saints et des saintes qui ont laissé leur nom à un certain nombre de localités. Tel est le tombeau de *Sainte Maure* et de *Saint Lupieux*, dans les églises des villages dont ils portent les noms.

L'ARCHITECTURE

IEN peu de vestiges d'architecture subsistent, dans la région dont nous nous occupons, antérieurement au xII^e siècle. De l'époque romane, on ne peut guère citer que l'église rurale de Moussey, divers fragments d'autres églises, et la principale église de Bar-sur-Aube, *Saint-Pierre*. Et encore cette construction intéressante appartient-elle à l'art de transition qui confine au gothique, puisque, par une particularité qui paraît contraire à la chronologie des styles, les arcades supérieures sont en tiers-point, tandis que le triforium et les hautes fenêtres sont en plein-cintre.

Ce n'est pas qu'au xI^e siècle la région ait été dépourvue d'édifices religieux, comme l'attestent les substructures et les nombreux fragments de construction antérieurs au xIII^e qu'on y signale ; mais la mauvaise qualité des matériaux employés à leur construction ne leur a pas permis de durer. A Troyes, sur l'emplacement présumé de la basilique romaine, avait été reconstruite, au xe siècle, une cathédrale, qui fut incendiée au xII^e. En arrière de cet édifice, dont le clocher subsista jusqu'au début du xvI^e siècle, l'évêque HERVÉE, à la suite de la Quatrième Croisade, jeta les fondements du chœur de la cathédrale actuelle. Œuvre colossale, qui fut d'abord poursuivie grâce aux libéralités des fidèles, et qui n'est pas encore achevée de nos jours, puisque la seconde tour du portail attend toujours sa partie supérieure.

LA COLLÉGIALE DE SAINT-URBAIN

A Champagne était alors dans une période de prospérité, sous le gouvernement de ses comtes. Leur résidence principale était à Troyes, où ils possédaient trois châteaux, dont il ne reste malheureusement aucune trace. Quelques-uns de ces princes, comme HENRI LE

Libéral, favorisèrent l'industrie et le commerce de la ville, qu'entretetenaient les foires célèbres dont elle était le siège principal.

Les vastes proportions du chœur de la cathédrale attestent à la fois l'importance, la richesse et le goût de la population. Une circonstance heureuse, l'élévation à la papauté d'un prêtre né dans la ville, y fit surgir un des édifices religieux les plus justement renommés du Moyen Age. C'est la collégiale de *Saint-Urbain*, édifiée par les ordres d'Urbain IV, sur l'emplacement de la maison de son père. Commencée en 1264, sous la direction d'un maître de l'œuvre, nommé Johannes Anglicus (Jean Langlois), sa construction parait avoir été arrêtée en 1286, à la mort du cardinal Ancher, neveu du pape, qui en avait ordonné l'exécution. Telle qu'elle était, au milieu du xixe siècle, avec son chœur et ses transepts élancés, sa silhouette hardie, sa légèreté d'aspect merveilleuse, son intérieur lumineux, elle a mérité les éloges de Viollet-le-Duc, qui la qualifiait de « chef-d'œuvre, que l'on considère la conception générale ou l'entente des détails ».

Conçu sous une inspiration originale, cet édifice a pu servir, dans certaines de ses parties, de modèle à d'autres églises, jusque dans l'île de Chypre, où il est permis de conjecturer que son architecte, parti pour la croisade en 1267, a été appelé. M. Enlart a trouvé, dans les anciennes cathédrales de Nicodée et de Famagouste, des particularités qui rappellent quelques-uns des procédés de sa construction. D'autre part, il a remarqué, comme je l'ai constaté moi-même, dans la cathédrale d'York, des analogies de détails d'architecture avec *Saint-Urbain*, ce qui n'aurait rien de surprenant, si l'on admet l'origine anglaise de Johannes Anglicus.

Saint-Urbain et le chœur de *Saint-Pierre* doivent être regardés comme les joyaux de l'architecture gothique, à Troyes. Le xiiie siècle ne nous en fournit d'autres spécimens dans la ville que la nef et les transepts de *Sainte-Madeleine*, et peut-être la nef de *Saint-Jean*. Dans la région, nous pourrions citer, à côté des églises de Barsur-Aube, celles de Rosnay, de Trouart, de Lhuitre, et d'autres encore.

La cathédrale nous montre, dans son vaisseau, l'empreinte des phases que l'art gothique a traversées pendant trois siècles, atténuées, cependant, par le souci méritoire des derniers architectes de se conformer aux grandes lignes indiquées par la construction du chœur. Le transept fut achevé au xive siècle, dans la seconde partie duquel Henry de Bruisselles et Henry Soudan construisirent un jubé, qui fut démoli sous la Révolution de 1793 ; et ce fut seulement à la fin du xve siècle que s'éleva la nef, avec ses hautes fenêtres garnies de meneaux et de vitraux d'un autre style, mais non moins décoratifs que ceux du chœur. L'ensemble du vaisseau, avec ses quatre galeries latérales, son triforium lumineux, sa magnifique perpective de colonnes élancées et de verrières harmonieuses, frappe vivement l'esprit et la vue du visiteur qui, d'après l'apparence du portail, ne peut soupçonner l'aspect saisissant de l'intérieur.

LES CAMBICHE

LE portail fut construit au XVIe siècle, sur les dessins du maître maçon et architecte picard, habitant Beauvais, maître CAMBICHE, et sous la direction de son fils, PIERRE CAMBICHE, de ses gendre et petit-gendre, JEAN DE SOISSONS et JEAN BAILLY ; il est d'un dessin moins noble et moins pur que celui du reste de l'édifice, quoiqu'il présente de grandes analogies avec un des portails latéraux de la cathédrale de Beauvais. Il est alourdi, il est vrai, par la tour qui en surmonte un des côtés, et qui marque, au-dessus de l'horloge, l'abandon du style gothique et l'adoption du style de la Renaissance, qui fut appliqué dans la partie supérieure, vers 1560, par le maître maçon GABRIEL FAVEREAU, gendre du sculpteur DOMINIQUE FLORENTIN, et son collaborateur, en 1549, pour la construction du jubé de *Saint-Étienne*.

Il est intéressant de reproduire le marché qui fut passé pour son édification entre les chanoines de *Saint-Étienne* et maître DOMINIQUE et son gendre.

« Le quatrième jour de janvier 1549, Dominicque Recoure dict Florentin, et Gabriel le Favereau, son gendre, maistres massons demorans à Troyes, d'une part, et venerables et discretes personnes maistres Yves le Tartrier, doyan, Laurens Le Royer, Sebastian Martin, Nicole Joly, Jehan Arnoul, Pierre Bonnet, Jehan Collet et plusieurs autres chanoines assemblez au chappitre traitans des affaires de lad. eglise, faisans et representans la plus grand et seinne partie des chanoines et convent d'icelle église èsd. noms d'autre part, recongnoissent lesd. parties et chacune d'icelles en droict avoir faict et font par ces presentes les marché, convention, promesses qui s'ensuivent : c'est assavoir, que led. maistre Dominique et Gabriel le Favereau, l'un pour l'autre et chacun d'eulx pour le tout sans division, seront tenuz et ont promis et promectent faire et parfaire de leur mestier de masson dedans le jour de feste de Pasques que l'on dira 1551 en lad. eglise monsieur sainct Estienne de Troyes, entre deux des pilliers de la nef et au lieu où est de présent ung ancien jubé de boys, et en la place que leur a esté montré par lesd. vénérables, présens lesd. notaires, ung jubé de pierre de Tonnerre et le rendre faict et parfaict dedans led. temps selon les patrons, formes et devis qui sont en quattre volumes, l'un en parchemin et les troys aultres en papiers, lesquels ont esté veuz par lesd. parties et par elles représentées en présence desd. notaires, en stipulant ces présentes par lesd. notaires signez et paraphez, et qui sont demorez par devers lesd. le Tartier, doyan de lad. eglise, et ce moyennant et parmi que lesd. vénérables doyan, chanoines et chappitre de lad. eglise seront tenuz et ont promis et promettent de payer auxd. maistre Dominicque et Gabriel le Favereau la somme de huict cent dix livres tournois, sur laquelle somme lesd. vénérables ont payé et advancé auxd. M⁽ᵉˢ⁾ Dominicque et Favereau, en présence desd. notaires, la somme de cinquante livres tournois, dont etc. Le reste et surplus leur sera payé au feur et ainsi qu'ilz besongneront auxd. ouvrages, et en laquelle besongne ils seront tenuz vacquer et besongner en personnes mesmes, led. Mᵉ Dominicque sans discontinnation, et y commancer incessamment et le plus tost que convenable faire se pourra, en sorte que le tout soyt faict et parfaict dès led. jour de Pasques mil cinq cens cinquante ung. Oultre, seront tenuz lesd. vénérables fournir en place toutes les pierres dures et aultres qu'il conviendra fournir et avoir pour besongner audit ouvrage, avec les terres, sablons, plastre et chaulx, et le tout rendre ou faire rendre en place près de lad. eglise, et seront tenuz lesd. maistres Dominicque et Favereau les mectre en ouvre, tailler et asseoir lesd. pierres, selon la forme èsd. pourtraict, faire faire les mortiers, fournyr tous manouvriers, cordages, angins, cordes, eschaufaulx, parches, trapans et toutes aultres choses nécessaires qu'il conviendra pour led. ouvrage, excepté lesd. pierres, chaulx, terre, sablons et plastre nécessaire, et le rendre faict et parfaict, comme dict est, dedans le temps dessus dict, bien et deument au dict de gens à ce congnoissans de leur d. mestier et art de masson, avec les ymageries ès lieux ordonnés selon lesd. devis et pourtraictz, assavoir sur le front de la cornette de la part de la nef les ymages Foy et Charité, et sur le front d'espice ung crucifiement avec les ymages de Nostre Dame et sainct Jehan, le tout de pierre que [lesd.] vénérables seront tenuz fournir. excepté que le crucifiement sera de boys, s'il plaist auxd. vénérables, et s'il ne leur plaist, il sera de pierre en fournissant les matières. Plus seront tenuz lesd. M⁽ᵉˢ⁾ Dominicque et Fauvereau faire quatre ystoires de Monsʳ sainct Estienne, aussi de pierre à demy taille, selon la forme contenue audict pourtraict, le tout de pierre, faire les joinctz et asseoir les pierres au plus petit joinct que possible sera et selon que l'ouvrage le requiert. Si comme etc., promectent assavoir lesd. venerables payer et fournir, et lesd. M⁽ᵉˢ⁾ Dominicque et Favereau faire et parfaire comme ci-dessus, obligeant lesd. vénérables les biens temporels appartenans à leurd. eglise, et lesd. M⁽ᵉˢ⁾ Dominicque et Favereau leurs corps et biens, l'un pour l'autre et chacun pour le tout, sans division, renonçans etc. par spécial lesd. maistres Dominicque et Favereau au benefice de division, ni de jussion, discution, et à l'ordre à ce faire, présent en sa personne Martin Ferjant, cousturier, demorant à Troyes, lequel de sa pure, franche et libérale volunté, à requeste desd. maistres Dominicque et Favereau, et chacun d'eulx pour le tout, envers lesd. venerables de lad. somme de huict cens dix livres tournois, et icelle somme comme principal rendre et restituer auxd. venerables, en ce qu'ils auraient reçu sur icelle, le cas advenait que lesd. maistres Dominicque et Favereau ne feraient et parferaient lesd. ouvraiges selon et dedans le temps que dessus, souz l'obligation de tous ses biens et des biens de ses hoirs; de laquelle promesse et caution lesd. Mes Dominicque et Favereau, pour le tout, sans division, ont promis et promectent acquicter, affranchir, garantir et descharger led. Ferjant, ses hoirs et ensemble de leurs despens, dommaiges et interetz, qui par faute de ce luy pourraient advenir, soubz pareille obligation et renonciation que dessus. En temoing, etc. — Signé J. THIENNOT, J. COCHOT. »

AUTRES ÉDIFICES RELIGIEUX

COMME le XIIIe siècle, la fin du XVe siècle et la plus grande partie du XVIe ont été une époque de grande prospérité pour Troyes et sa région qui s'étaient relevés, avec une singulière élasticité, du désastre causé par la guerre de Cent ans. De même, dans les villes des Flandres et de l'Italie, la richesse acquise par le commerce et l'industrie a favorisé un mouvement artistique exceptionnel. De toutes parts, dans les villes et les campagnes, se construisent des églises neuves sur l'emplacement des anciennes, et la piété des seigneurs de villages, qui sont pour la plupart des marchands enrichis, acquéreurs de fiefs, les a presque toutes décorées de statues ou de verrières qui subsistent encore.

C'est alors que s'élèvent les grandes églises de Bar-sur-Seine, de Nogent-sur-Seine et d'Arcis-sur-Aube. L'art de la Renaissance vient s'y greffer sur l'art gothique à son déclin ; il est surtout visible dans l'extérieur du chœur de l'église de Nogent, où il déploie les qualités de correction et de style qui distinguent l'école française du règne de HENRI II ; il se révèle dans le portail de Pont-Sainte-Marie ; il éclate dans ceux de Saint-André et d'Auxon. Mais l'architecture conserve les formes gothiques jusqu'au milieu du siècle, alors que la peinture et la sculpture les ont abandonnées. Les vaisseaux des églises, construites avant leurs portails, ont gardé l'art en tiers-point et les principaux caractères du style flamboyant ; on pourrait en citer de nombreux exemples. Comme spécimen d'une architecture qui n'a pas encore subi la domination de l'art nouveau, nous nommerons la belle église de Rumilly - les - Vaudes, construite vers 1530, sous l'influence des architectes de la cathédrale, tels que les Martin et Pierre Cambiche [1].

ARCHITECTURE CIVILE ET MILITAIRE

On pourra retrouver à Troyes, dans les neuf églises qui subsistent encore, toutes les formes de la transition de l'art à cette époque ; on trouvera aussi, dans cette ville, des spécimens intéressants de l'architecture civile. Il en existe quelques-uns à Bar-sur-Aube, et à Bar-sur-Seine ; mais c'est surtout dans le chef-lieu du département qu'on admirera, à côté de maisons en bois du xvie siècle, des édifices de pierre aux façades ornementées, décorées de loggia, ou flanquées de tourelles, comme les façades des hôtels de *Chapelaine*, de *Vauluisant*, de *Maury*, de *Marisy* et *des Ursins*. Un corps de logis de l'évêché, décoré de lucarnes ornementées, date de la première partie du règne de François Ier. Il subsiste aussi des traces de l'architecture de la Renaissance dans la façade de l'hôtel de ville, avec ses colonnes de marbre noir géminées, que l'architecte parisien Cottard [2] a fait édifier en 1670.

De l'architecture militaire du Moyen Age, tout, à peu près, a disparu. Le donjon de Fougère, près de Pont-sur-Seine, en est presque le seul témoignage. Les châteaux-forts ont été démolis ; leurs pierres ont servi de matériaux pour les paysans des alentours, ou, comme celles de Montaigu, ont été employées à la construction des fortifications de Troyes. Celles-ci ont été entièrement détruites au xixe siècle, même lorsque certaines de leurs parties présentaient, comme la porte *Saint-Jacques*, un caractère artistique et pittoresque qui eût dû en assurer la conservation.

MANOIRS ET CHATEAUX

Quelques manoirs du xvie siècle, flanqués de tours rondes, subsistent encore çà et là, en totalité ou en partie : à Rumilly, à Merson, à Chacenay, à Brécy-Bas, par exemple. On citerait

---

1. E. Gavelle, *Notice archéologique sur l'église de Rumilly-les-Vaudes*, 1896.

2. Pierre Cottard, architecte du roi, construisit le château de Villacerf, pour *Odard Colbert*, et à Paris l'église de la Merci et l'hôtel de Hollande.

aussi les portes des châteaux de Dampierre, de Vermoise, et de Saint-Benoît-sur-Vanne. Si les grandes demeures seigneuriales des LA ROCHE-FOUCAULD, à Estivrac, et des COLBERT, à Villacerf, ont été rasées à l'époque de la Révolution, si le château des BOUTHILLIER DE CHAVIGNY et du prince XAVIER DE SAXE ont été remplacés, à Pont, par des constructions modernes, le XVIIe et le XVIIIe siècles nous ont laissé les vastes châteaux de Barberey, de Villemereuil, de Vaux, de Vandeuvre, des Cours et de Brienne.

LES Cours ont été construits sur les dessins d'un architecte, qui était, en même temps, chanoine de la cathédrale : MAILLET [1]. Celui-ci a fait aussi édifier le portail corinthien de l'église *Saint-Martin*, et le grand bâtiment de l'abbaye de *Saint-Loup*, qui abrite actuellement une partie de la bibliothèque de Troyes.

L'architecture, à partir de la fin du règne de Louis XIV, est en pleine décadence dans nos régions ; elle perd tout caractère d'originalité ; elle ne se révèle que par de froids pastiches de style classique dans les églises, et par des façades correctes d'édifices civils, rehaussées, pour quelques hôtels particuliers, par des ornements qui ne sont pas dénués d'élégance. Les grands bâtiments de l'*Hôtel-Dieu* et de l'abbaye de *Notre-Dame-aux-Nonnains*, édifiés par l'architecte parisien DE LA BRIÈRE, et l'ingénieur de la province DE LA FORCE, sont d'une simplicité qu'explique et peut excuser leur destination.

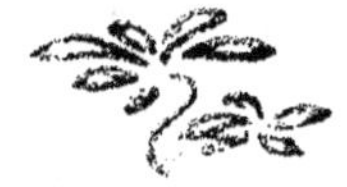

---

1. LOUIS MAILLET, né et mort à Troyes (1644-1720).

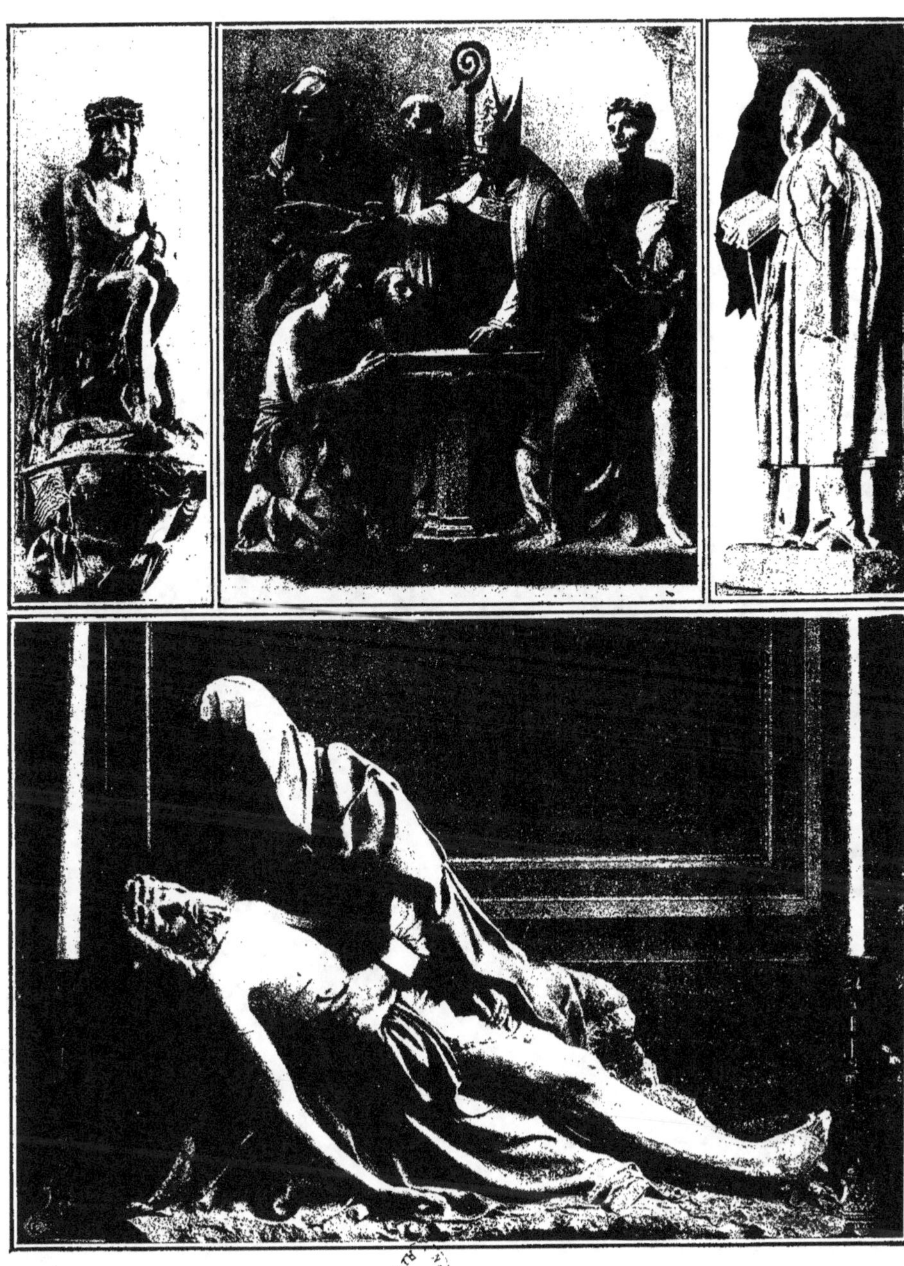

STATUAIRE

(En commençant en haut, à gauche). TROYES. *Église Saint-Nizier. Christ à la colonne, pierre (XVIᵉ siècle).*
TROYES. *Cathédrale. Baptême de saint Augustin, groupe pierre, par F. Gentil (XVIᵉ siècle).*
SAINT-GERMAIN-LINÇON (Aube). *Église. Sainte Savine, pierre (XVIᵉ siècle).*
BAYEL (Aube) *Église. Mère de douleur, groupe pierre (XVIᵉ siècle).*

LA SCULPTURE

DU XIIIe AU XVe SIÈCLE

EAUCOUP d'édifices et d'œuvres de statuaire de l'époque romane doivent leur disparition, dans la région dont la ville de Troyes est le centre, à la médiocre qualité de la pierre. Au xiiie siècle même, tandis qu'il en existe de nombreux et admirables spécimens à Reims, nous ne voyons guère à citer, à Troyes, que les bas-reliefs du grand portail de *Saint-Urbain*, la plupart des gargouilles de cette église, et, dans le chœur de la même collégiale, un curieux *Couronnement de la Vierge*, accompagné des images d'*Urbain IV* et du *cardinal Ancher*, dont les têtes ont malheureusement été brisées.

Le xive siècle ne paraît pas avoir été plus fécond; il n'est représenté, dans la ville, que par deux belles statues de prophètes, qui proviennent vraisemblablement de la cathédrale, et qui ont été recueillies au Musée. Cependant, on trouve dans les églises rurales, et dans la cathédrale, des statues de la Vierge qui remontent à la fin de ce siècle.

Les sculpteurs sont nombreux au xive et au xve siècle; M. Natalis Rondot en a cité quatre-vingt-deux, dont vingt-deux sont d'origine flamande[1]. On ne saurait cependant dire que l'art des Pays-Bas ait exercé, dès lors, une grande influence. On n'en voit pas de traces dans les sculptures qui ont survécu à la démolition de la chapelle des *Cordeliers,* édifiée vers 1480; les personnages de ces sculptures, qui soutiennent des culs-de-lampe ou qui supportent des écussons, auraient plutôt un caractère gothique pénétré par l'aube de l'influence italienne. Tel est l'élégant jeune homme, en pourpoint court, qui se contourne autour d'une branche feuillue, à l'extrémité de laquelle on peut lire le nom de l'artiste Subert[2].

---

1. *Les Sculpteurs de Troyes au xive et au xve siècle.* (*Revue de l'Art français,* 1887.)
2. Un Jacques Subert a travaillé à Provins vers 1526.

LA BELLE CROIX. BACHOT. LES CORDONNIER

LA prospérité croissante de la ville se manifeste, à la fin du siècle, par la construction de *la Belle Croix*, élégant monument gothique, orné de statues, à la confection et à la décoration duquel concourent fondeurs, sculpteurs, et peintres. Les ateliers de sculpture se multiplient dans la ville ; il en sort des artistes qui vont travailler dans les villages voisins, dans les villes de la Champagne, et jusqu'en Lorraine. Ainsi BACHOT exécute des tombeaux à Joinville, et se rend à Nancy [1]. Les sculpteurs sont nomades comme les maîtres maçons ; quelques-uns viennent se fixer à Troyes, comme les CORDONNIER, originaires des Flandres, et qui formeront une dynastie dont les membres exercent la sculpture, et surtout la peinture, pendant trois siècles, dans la capitale de la Champagne ; ce qui n'empêche pas l'un d'eux d'aller s'établir en Provence.

XVIᵉ SIÈCLE. LES CAMBICHE. JEAN GAILDE

AU début du xvıᵉ siècle, c'est du Nord que vient la lumière artistique. Les CAMBICHE sont appelés d'Amiens pour construire le portail de la cathédrale. Il semble aussi vraisemblable de dire que JEAN GAILDE est venu des mêmes régions, pour ciseler cette merveille d'architecture flamboyante, qu'on admire encore de nos jours, sous la forme du jubé de *Sainte-Madeleine*. Ne serait-ce pas des Flandres, où l'on pourrait trouver des sculptures analogues, qu'il aurait tiré en grande partie cette profusion d'ornements, réglée par une sorte d'élégance française, qui concourt à produire l'harmonie dans la richesse ? Ce jubé, construit avec autant de hardiesse que de finesse, de 1508 à 1517, est orné de figures en ronde bosse, dûes au ciseau de NICOLAS HALINS, qu'on a pu regarder comme Flamand, et qui a travaillé à décorer d' « histoires » en bas-reliefs les tympans du grand portail de la cathédrale.

LES FRÈRES GUYON

L'AUTEUR de ces figures ne serait-il pas celui du groupe de *la Visitation* de l'église *Saint-Jean*, qui est une des œuvres les plus caractéristiques de la région troyenne ? Il y respire une sorte de bonhomie bourgeoise, qui s'allie à l'originalité des costumes et à la

---

1. JACQUES BACHOT, qui travailla à Joinville de 1495 à 1504, sculpta des statues pour les églises de Troyes, de 1504 à 1525.

sincérité des physionomies. Ce groupe a eu un tel succès qu'il a été reproduit pour l'église de Virey-sous-Bac, sur les limites de la Bourgogne, et presque copié sur un bas-relief du jubé de Villemaur. Ce jubé en bois, l'un des plus remarquables de la France, a été édifié, en 1521, par les frères GUYON, qui ont gravé sur l'escalier intérieur leurs noms, suivis de la qualification de maîtres menuisiers. Les vingt-six panneaux sculptés de la balustrade renferment des scènes de la *Vie de la Vierge* et de la *Vie de Jésus-Christ ;* les premières, qui regardent le chœur, dans leur entourage de style gothique de l'époque Louis XII, sont d'un dessin plus ferme et plus noble que les scènes de la vie de Jésus, accompagnées d'ornements dans le goût de la Renaissance, qui a prévalu sous le règne de FRANÇOIS Ier ; mais le tout constitue un ensemble d'une haute valeur et d'une rare séduction, qui en fait un des joyaux de l'art sculptural de notre région.

LES VIERGES

A UNE époque un peu antérieure à celle de la *Visitation* se rattache toute une série de *Vierges à l'enfant*, moins raides, moins déhanchées que celles du xve siècle, mais dont la grâce, non exempte de naïveté, est parfois d'un réalisme plein de charme. Il serait trop long de les énumérer, depuis la Vierge de Villenause, qui est au Musée, jusqu'à celle de *Saint-Urbain*. Si les plis de la jupe retombent lourdement sur les souliers à bouts ronds, comme dans certaines œuvres flamandes, les traits de cette Vierge, la figure de l'enfant qui sourit au raisin que lui apporte une colombe, semblent copiés sur des modèles et des types de la Champagne méridionale que l'artiste a eu sous les yeux. Nous sommes en présence d'une œuvre véritablement locale, qui constitue un des spécimens d'une école, dont les éléments sont variés, mais se distinguent par des qualités communes d'originalité et de grâce intime et pénétrante.

Ces caractères se manifestent à l'époque où fut exécuté le groupe de *la Visitation*, particulièrement par la recherche du costume pittoresque, en dehors de la tradition classique ou religieuse. Les saintes, car elles sont plus nombreuses que les saints dans cette période, ont des vêtements empruntés aux modes du temps, avec des bouffants, des collerettes, des ceintures ouvragées, des galons où sont brodés des versets de l'Écriture, des colliers et des agrafes historiées. Nous en trouvons des spécimens, non seulement dans la *Sainte-Catherine* un peu raide de l'église de *Saint-André*, et dans la *sainte Barbe* de *Saint-Pantaléon*, où se révèle une certaine influence allemande, mais surtout dans une série de statuettes, pleines de désinvolture et d'aisance, dont les types les plus connus proviennent de la chapelle de *Sainte-Jule*, de Troyes, et sont aujourd'hui conservés au Musée de Cluny.

QUELS étaient les auteurs de ces œuvres d'un rare mérite ? Nous l'ignorons en l'absence de documents et de signatures. A partir du second quart du xvie siècle, nous sommes souvent mieux informés. Les noms des JULIOT se trouvent souvent dans les comptes, et nous sommes portés à leur attribuer, avec quelques certitudes, plusieurs rétables, tels que ceux de *Saint-Jean* et de *Saint-André*. Celui de Saint-André est une merveille de décoration et de pittoresque ; celui de Saint-Jean, qui paraît dater de 1530, se distingue par des qualités réelles, où l'on peut discerner l'inspiration flamande, dans certaines figures du bas-relief du *Repentir de Judas*, tandis que celui de la *Cène* révèle la prépondérance de l'art italien. On y sent la transition qui s'opère entre ces deux influences étrangères, au milieu desquelles l'art troyen s'est fait une place qui n'est pas sans valeur.

A côté de ces œuvres distinguées, où l'attention est très souvent distraite par les détails de l'ornementation, il en est d'autres d'un caractère plus sévère et plus noble, comme la *sainte Marthe* de l'église Sainte-Madeleine. La beauté et la simplicité de son attitude, le caractère de sérénité grave qui s'en dégage, la correction des plis et de l'exécution en font un véritable chef-d'œuvre. Il est permis de le rapprocher de *Mises au Tombeau*, qui peuvent être sorties du même atelier, et qu'on admirera dans les églises de Chaource et de Villeneuve-l'Archevêque.

DOMINIQUE FLORENTIN

DÉSORMAIS c'est l'influence italienne qui va l'emporter avec DOMINIQUE FLORENTIN, qui viendra se fixer à Troyes vers 1540, qui s'y marie, et qui, malgré les travaux qu'il exécute à Fontainebleau et à Paris, passera dans cette ville la plus notable partie de sa carrière. Il y est dans l'apogée de sa renommée en 1518, où il est chargé de la direction des fêtes et des décors artistiques auxquels donna lieu l'entrée de HENRI II ; il orne le jubé de la collégiale de *Saint-Étienne*, des statues de *la Foi* et de *la Charité*, qui, conservées dans l'église *Saint-Pantaléon*, permettent de juger de la valeur de son talent, où « la force michel-angelesque est atténuée par une aisance délicate ».

La Foi lève la tête vers le ciel, tenant un calice à la main ; la Charité porte un enfant sur son bras, tandis qu'elle tient de la main droite un autre enfant et qu'un troisième s'abrite à ses pieds. La taille élancée de ces deux femmes, leur tête petite et fine, leur col allongé, la noblesse de leur attitude, l'élégance des draperies sont des signes caractéristiques de l'école à laquelle appartenait Dominique. Ces deux statues ont été exécutées avec une aisance qui dénote un homme maître de son art.

L'ÉGLISE Saint-Pantaléon, sur la paroisse de laquelle habita long-temps Dominique, renferme, par un heureux hasard, la plupart des œuvres encore existantes à Troyes qu'on peut lui attribuer. Elle en a conservé quelques-unes qui lui étaient destinées ; elle a reçu, après la Révolution, plusieurs de ces statues provenant de diverses églises. Saint-Pantaléon est un véritable musée. Sur des snpports de la Renaissance ou remontant aux derniers siècles du gothique, se dressent vingt statues, presque toutes remarquables, appartenant aux diverses écoles qui ont fleuri à Troyes pendant le xvie siècle. Les œuvres de Dominique se reconnaissent par un style élancé et par le caractère classique, ou, si l'on veut, antique, des costumes. Les vêtements sont étrangers aux modes contemporaines et se prêtent à merveille, par leur simplicité, aux dispositions savantes et justes des plis. Comme Michel-Ange, comme Raphaël, comme les maîtres italiens, qu'il avait étudiés et suivis, Dominique allait deman-der ses inspirations à une sorte d'idéal antique, où les formes n'étaient accompagnées que de vêtements simples, destinés à en faire ressortir les beautés et à concourir à l'effet, sans attirer d'une manière parti-culière l'attention.

Aux environs de Troyes, ce serait surtout à Rumilly-les-Vaudes que nous pourrions signaler avec vraisemblance des œuvres de Gentil. S'il faut en croire Grosley, le curé JEAN COLET, qui fit bâtir, de 1527 à 1549, l'église de ce village, aurait fait exécuter à Gentil les statues et les ornements intérieurs qui la décorent. Nous ne savons si, comme le dit Grosley, notre sculpteur a passé plusieurs années au château de Rumilly, ou il aurait transféré son atelier [1] ; mais il est très admissible qu'il ait exécuté ou fait exécuter par des collaborateurs les statues des douze apôtres qui garnissent encore aujourd'hui la nef et le chœur de l'église.

Toutes ces statues ne sont pas d'égale valeur ; il en est dont la physionomie un peu vulgaire et les mouvements dénués de noblesse trahissent une main moins habile que celle du maître ; mais, dans d'autres, nous retrouvons quelques-unes des qualités qui nous parais-sent appartenir à Gentil. Je citerai particulièrement au premier pilier

---

1. *La Sculpture à Troyes*, fig. 97 et 99 et p. 364.

à droite un saint portant pour attributs une longue scie et un livre, d'une attitude originale et non sans distinction, et dont la robe a dans sa partie inférieure des plis tourmentés qui sont bien dans le genre de notre sculpteur ; le vêtement de l'apôtre qui se trouve au second pilier de gauche a des plis plus simples, sa tête a du caractère. Inférieures en mérite, quoique présentant des parties bien traitées, mais souvent des têtes empreintes d'une certaine vulgarité, sont les autres statues de la nef, surtout celles qui sont adossées au portail, à droite et à gauche d'un Christ plus que médiocre.

Un *saint Jacques*, en costume de pèlerin, est d'un aspect un peu lourd, mais n'est pas sans valeur. Dans le chœur, *saint André* et *saint Pierre* sont exécutés avec moins de talent qu'un saint portant un livre et une massue, qui pourrait être saint Mathieu. La tête est empreinte d'une grande douceur, les mains sont modelées avec soin, une sorte de sérénité respire dans son ensemble. Mais aucune ne présente un caractère de vérité comme le *saint Jean* qui vient ensuite. M. Gavelle, à qui l'on doit une savante étude sur l'église de Rumilly, y voit avec raison le portrait de Jean Collet, non seulement par le contraste que présente sa figure glabre avec les têtes barbues des autres apôtres, mais par la ressemblance qu'elle offre avec le portrait du donateur du très curieux retable placé au fond du chœur, qui appartient, comme l'a du reste prouvé M. Gavelle [1], à une tout autre école que les statues des apôtres.

Dominique parait être aussi l'auteur de la belle cheminée, datée de 1547, qui est au Musée et, d'après la tradition, il se serait représenté sous les traits du *saint Jacques* de *Saint-Pantaléon*, dont la pose rappelle quelque peu celle du *Penseroso*, de Florence.

FRANÇOIS GENTIL

LA tradition a uni le nom de François Gentil à celui de Dominique, quoique aucun document ne soit venu attester leur collaboration ; ce qui est certain, c'est qu'ils ont été contemporains ; et que si Gentil a été l'émule du Florentin, il a été son disciple, au point d'exagérer sa manière. Aucun texte ne permet de lui assigner avec certitude une œuvre déterminée ; mais en tenant compte des opinions des XVIIe et XVIIIe siècles, qui ont dû s'appuyer sur des données sérieuses, la renommée dont il a joui permet de lui attribuer, avec vraisemblance, une partie des œuvres de sculpture dont sont remplies les églises de la ville et des villages voisins, notamment les deux

---

1. Emile Gavelle, *Notice archéologique sur l'église de Rumilly*, 1896, in-8°.

Christs de *Saint-Nicolas*, les apôtres de l'église de Rumilly, et de regarder comme exacte la tradition qui veut qu'il ait sculpté le beau Christ de l'église *Saint-Martin*, à Chaumont.

Son nom apparaît pour la première fois dans les comptes des églises en 1541. A cette date, il fait, moyennant 4 l. 10 s., deux images ou statues pour la confrérie de la Conception Notre-Dame de l'église *Saint-Jean*. D'après Nicolas Breyer, il aurait été chargé, en 1547, de finir les statues de *saint Simon* et de *saint Jude* pour le grand portail de la cathédrale. En 1548, il répare les mains de *Jésus-Christ* et de *saint Jean-Baptiste* et fait un « pourtraict » pour un reliquaire.

En 1550, il travaille à *Saint-Nicolas* : il y exécute une statue de *saint Yves* ; l'année suivante, il sculpte deux anges qui doivent être « placés au dessus du ciboire », et en 1553, c'est lui qui est chargé de faire le crucifix et les autres images qui doivent décorer le portail méridional de l'église, élevé par le maçon Gérard Faulchot. Il exécute de plus « quatre figures qui se trouvent dans le bassin au-dessous du crucifix [1] ».

En 1559, la fabrique de Saint-Jean fait appel à son talent pour une image de *saint Jean l'Evangéliste* qui doit remplacer sur le maître-hôtel une statue du même saint, qui « était cheu et froissé par la faute des escureurs ». Il exécute aussi pour la même église un crucifix, destiné à être placé « au-dessus du bénitier neuf adossé au pilier où est la cloison du chœur ».

A *Sainte-Madeleine*, on lui fait « faire en 1563, une image de la Madelaine étant en la muraille devant la maison de M. Datis » et « retailler l'ymage devant la grande porte ». Nous retrouvons Gentil en 1571 à Saint-Pierre, fournissant quatre petites images « pour mettre aux piliers du chevalet qui sert à porter le *Corpus dominis* le jour de la Fête-Dieu ». Ces statuettes devaient être en bois, ce qui confirme la tradition d'après laquelle Gentil sculptait en bois comme en pierre ; « on ne connaît rien de lui, dit La Ravallière, en bronze, ni en marbre ».

A partir de 1571, nous trouvons plus rarement le nom de Gentil dans les comptes de la ville et des fabriques, soit que les commandes aient cessé, soit que les infirmités aient empêché le sculpteur d'exercer son art pendant les dix dernières années de sa vie. Cependant, d'après les comptes de l'église de Troyes pour 1579-1580, il lui avait été payé, conjointement avec Gérard Faulchot, la somme de 23 livres pour récompense du « tableau du trepassement de Notre-Dame ».

---

1. Jaquot, *Mémoires de la Société académique de l'Aude*, 1869, p. 267. Jaquot a eu entre les mains une copie manuscrite des comptes de Saint-Nicolas de 1534 à 1589. — Courtalon dit qu'en 1553 Gentil reçoit 20 sols pour avoir fait la figure des quatre évangélistes, qui étaient déplacées de son temps et remplacées par les trois Vertus théologales. (Bibl. Troyes, M^{ts} 2.800, p. 386).

Artiste consciencieux, qui se sert de modèle au point de négliger parfois l'idéal, il serait porté, avec une verve personnelle incontestable, à exagérer le mouvement dans les plis comme dans les attitudes, et pourrait être considéré comme un des précurseurs de l'école dont LE BERNIN a été, au siècle suivant, le coryphée.

Avec GENTIL, qui débuta en 1531 et mourut vers 1582, se termine la période la plus brillante de la sculpture troyenne.

Après GENTIL, nous trouvons des artistes estimables, qui enrichissent les églises de statues, de rétables et de monuments funéraires ; tels sont, au XVIIe siècle, les VAULTHIER, qui décorent *Saint-Pantaléon*, et d'autres églises, de plusieurs statues ; AUGUSTIN POUPELIER, qui sculpte des statues pour l'église de *Sainte-Savine*, et des tombeaux pour celle de Dampierre ; NOEL FOURNIER, qui taille en bois des chaires à prêcher et des buffets d'orgue ; CLAUDE BAUGÉ, qui exécute un rétable pour l'église de *Saint-Germain* ; les CHABOUILLET, qui sont sculpteurs, peintres ou musiciens ; mais leurs œuvres ne sauraient être identifiées, et leur réputation n'est pas restée dans le souvenir de leurs compatriotes, comme celle de leurs prédécesseurs. Du XVIIe siècle, on ne fait guère l'éloge que d'anges exécutés, en 1606, par TOUSSAINT CONCÉBER, et encore sont-ils attribués à Gentil.

FRANÇOIS GIRARDON

LA ville de Troyes peut cependant se glorifier, dans ce siècle, d'avoir donné naissance à un sculpteur célèbre, dont la renommée devait se déployer sur un plus vaste théâtre.

FRANÇOIS GIRARDON, né à Troyes en 1628, mort à Paris en 1715, avait eu pour parrain un petit-fils de FRANÇOIS GENTIL, et nul doute qu'il n'ait puisé dans la contemplation des œuvres des éminents artistes troyens du XVIe siècle, la vocation qui devait faire de lui, avec PUGET, un des plus grands sculpteurs de son temps. La tradition veut qu'il ait travaillé pendant quelques années dans sa ville natale, où il aurait fait des bustes en bois, parmi lesquels on peut ranger la jolie *tête de Vierge* du Musée ; ce qui est certain, c'est qu'il n'oublia point sa patrie ; il cisela, pour l'Hôtel de Ville, le médaillon de LOUIS XIV, qui décore la cheminée monumentale de la grande salle, et sculpta, pour l'église *Saint-Rémy*, sur la paroisse de laquelle il était né, non seulement une table de marbre pour rappeler une fondation pieuse qu'il lui destina, mais un Christ en bronze, qui fait à juste titre l'admiration des connaisseurs. Le Musée a pu aussi recueillir de lui, avec un bas-relief provenant d'un tombeau, les bustes de LOUIS XIV et de MARIE-THÉRÈSE qui ornaient le château de Villacerf, où résidait un parent du grand COLBERT.

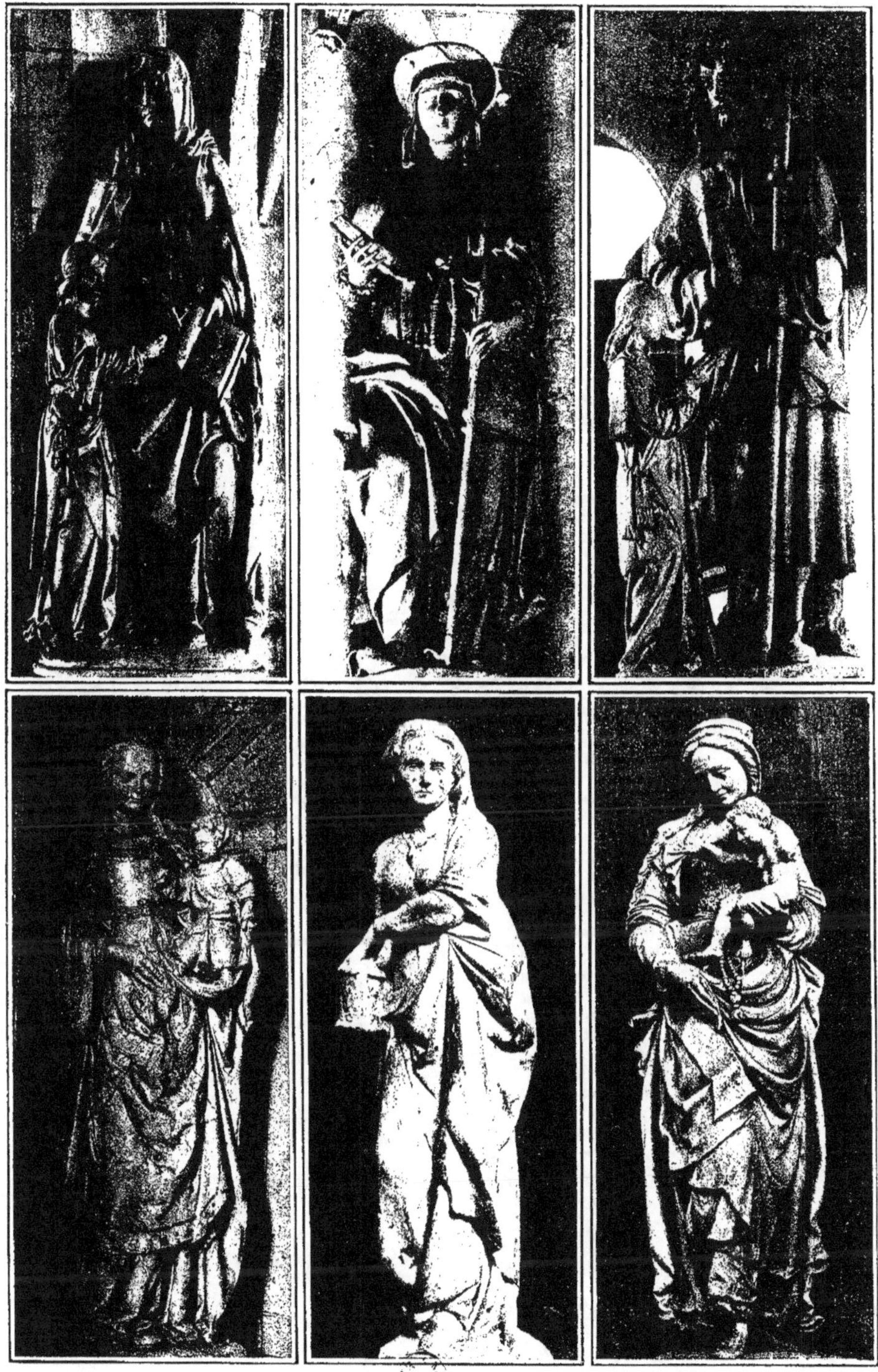

SÉ TUAIRE

(En commençant en haut, à gauche). MESNIL-SELLIÈRES (Aube). *Église. Sainte Anne et la Vierge, pierre* (XVIe siècle). — SAINT-PHAL (Aube). *Église. Sainte Savine, pierre* (XVIe siècle). — TROYES. *Chapelle Saint-Gilles. Saint-Roch et un ange, groupe pierre* (XVIe siècle). — MESNIL-SAINT-PÈRE (Aube). *Église. La Vierge et l'Enfant, pierre* (XVIe siècle). — VENDEUVRE (Aube). *Église. Sainte-Marthe. Statuette pierre* (XVIe siècle). — VILLEMAUR (Aube). *Église. La Vierge et l'Enfant, pierre* (XVIe siècle).

Si Girardon possède quelques-unes des rares qualités qui distinguent l'école troyenne du xvie siècle, telles que la grâce et l'élégance, on ne saurait le regarder comme un artiste essentiellement provincial ; il appartient à la France plutôt qu'à la Champagne.

Aussi bien la vie locale s'atténue dès cette époque devant le rayonnement de plus en plus intense de la centralisation monarchique ; elle s'efface à Troyes, surtout au xviiie siècle ; on peut citer encore, à cette date, d'habiles artisans, des sculpteurs sur bois distingués, tels que les Herluyson, les Chabouillet [1] ; mais aucun ne se révèle par des mérites saillants ; si l'on veut des œuvres de valeur, on s'adresse à Paris ; il y a d'agréables motifs de sculpture dans certaines décorations d'architecture, sur des portes d'hôtels particuliers, par exemple ; mais les statues, assez rares, de cette époque, qui subsistent dans les églises de la ville comme dans celles de campagne, sont, en général, d'une médiocrité qui atteste une décadence, au moins momentanée, de l'art.

SIMART

Cette décadence persista, pour la sculpture, sous la Révolution et le Premier Empire ; mais nous voyons surgir, sous la Restauration, le talent classique de Simart, né à Troyes en 1806 d'une famille d'artisans, et dont les œuvres s'inspirèrent des sources de l'antique, et aussi de l'école de Canova.

Avant de devenir le sculpteur pour ainsi dire officiel du Second Empire, il faisait pour sa ville natale, outre les panneaux de bronze de la chaire de *Saint-Pantaléon*, une remarquable *Vierge à l'Enfant*, pleine de noblesse, dans sa pose simple et digne, et qui décore la *chapelle de la Vierge*, à la cathédrale. Lorsqu'un accident de voiture fut venu, en 1857, briser prématurément sa carrière, sa veuve offrit à la ville les principaux moulages qui garnissaient son atelier, et la ville édifia, pour les recueillir, un pavillon destiné au Musée de sculpture construit en 1860. On peut y voir, réunis, les maquettes et les moulages du *Tombeau de Napoléon*, avec d'autres œuvres de décorations monumentales, des statues, comme le *Discobole* et le modèle de la reconstitution de la *Minerve* du Parthénon, donné par le duc de Luynes, qui l'avait fait exécuter pour l'ornementation de son château de Dampierre.

---

1. Sur les Chabouillet, menuisiers et sculpteurs (1631-1735), voir L. Morin, *Quelques sculpteurs troyens des* xviie *et* xviiie *siècles.* (*Congrès des Sociétés des Beaux-Arts*, 1902.)

LA PEINTURE

Il y a, dans nos églises, de très nombreux témoignages de la supériorité de la peinture sur verre, depuis le xiiie siècle jusqu'au xviie, et elle n'a pas brillé d'un éclat moins vif que la sculpture, à Troyes, et dans sa région. Il suffit de parcourir la cathédrale de Troyes pour en suivre les transformations et les manifestations, durant les différentes époques qui en ont marqué la construction. Dans les chapelles de l'abside, éclate la profonde harmonie des vitraux de l'époque des Croisades, qui semblent avoir emprunté à l'art de l'Orient leur fond de mosaïque reticulé, sur lequel se détachent des cartouches circulaires, trilobés ou quatrilobés. Dans la partie supérieure du chœur comme dans le triforium, c'est un art plus lumineux, plus simple, plus large, avec ses figurines de saints, de princes et d'évêques, se superposant dans l'encadrement des meneaux, et qui offrent les qualités de style et de noblesse qui distinguent la fin du xiiie siècle. Les hautes fenêtres de la nef sont garnies de verrières aux dessins variés, aux couleurs vives, où les sujets multipliés rappellent la fécondité quelque peu exubérante de la fin du xve siècle. Ils forment une décoration éblouissante dans un fenestrage où l'influence du gothique flamboyant a pénétré.

Le xvie siècle, si riche ailleurs dans la région, a laissé peu de traces dans les verrières de la cathédrale, sans doute parce qu'elles étaient à peu près complètes lorsqu'il était dans sa période la plus brillante. Citons, cependant, quelques verrières du transept, un précieux vitrail de la chapelle des Fonts, et, surtout, la belle rose du grand portail, peinte, en 1546, par Jean Soudain, dont les figures d'anges et de patriarches resplendissent sur un fond d'or, surtout aux derniers rayons du soleil, mais sont malheureusement, en partie, cachées aux regards par un lourd buffet d'orgue, provenant de l'ancienne abbaye de Clairvaux.

La première partie du xviie siècle est représentée, dans une des chapelles de la nef, par une belle composition, d'un dessin correct, d'un coloris plein de clarté, représentant l'allégorie du Pressoir, et qui fait honneur au talent de LINARD GONTIER, à qui il est avec vraisemblance attribué.

EN dehors de la cathédrale, les vitraux du chœur et du transept de *Saint-Urbain* présentent d'importants spécimens de l'art troyen de la fin du XIIIe siècle. Sur les grandes fenêtres du chœur, au milieu de leurs meneaux effilés, bordés de bandes d'armoiries aux armes de Champagne et de Navarre, des figures de prophètes ressortent sur des grisailles lumineuses. Elles sont, comme celles de la cathédrale, d'un dessin large, un peu rude dans les traits noirs, mais justes de pose et de mouvement, et révèlent, dans les draperies, le meilleur style de l'époque. On appréciera encore mieux les qualités des artistes de ce temps, dans les séduisants panneaux des galeries et des fenêtres géminées des bas-côtés du chœur, notamment dans la série des sujets qui représentent les phases diverses d'un *Chemin de la Croix*, et les principaux événements de la *Vie de la Vierge*, avec les miracles qui suivirent sa mort.

LES PEINTRES VERRIERS

LA guerre de Cent ans, en tarissant les sources de la richesse, suspendit les manifestations artistiques à Troyes ; mais elles se produisirent avec plus d'intensité que jamais lorsque le commerce et l'industrie purent se développer avec sécurité.

Ce n'est pas seulement sur les hautes fenêtres de la nef de la cathédrale que se déploie, à la fin du XVe siècle, l'art des peintres verriers, tels que JEAN VERRAT, LYENIN VARIN et PIERRE : c'est dans les églises qui s'agrandissent dans diverses parties de la ville, dans celles de la plus grande partie de la région. En 1500, des verriers de Troyes sont appelés à venir travailler à la cathédrale de Sens. C'est à partir de cette époque jusqu'à l'époque des guerres de religion que des artistes, comme NICOLAS CORDONNIER, JACQUES COCHIN, EUSTACHE PLANSON, FRANÇOIS POTTIER, JEAN MAISON et surtout les MALDRÉ, décorent de leurs compositions séduisantes, rehaussées par un coloris prestigieux, les fenêtres aux meneaux flambloyants de l'abside de *Sainte-Madeleine*, des bas-côtés de *Saint-Pantaléon* et de *Saint-Nicolas* [1].

Les riches bourgeois rivalisent avec les corporations pour doter leurs paroisses de luxueuses verrières ; tels la verrière de l'*Histoire de*

---

1. COFFINET, *Les peintres verriers de Troyes pendant trois siècles*, 1858, in-4°.

Saint-Louis, donnée à *Sainte-Madeleine* par Simon Liberon, député de la ville aux États généraux de 1506 ; la *Vie de saint Éloi*, exécutée aux frais de la corporation des orfèvres, pour la même église ; le vitrail de *saint Sébastien*, offert par la confrérie des archers à l'église *Saint-Nizier*. A Bar-sur-Seine, c'est la communauté des bouchers qui fait garnir une fenêtre d'une peinture où l'on a cru pouvoir signaler la promenade du bœuf gras. On ne saurait, non plus, passer sous silence les belles verrières de l'église d'Ervy, surtout celle qui représente le *Triomphe de la Chasteté*.

Vers 1530, à côté des sujets polychromes, parmi lesquels nous signalerons le beau *Jugement de Salomon de Saint-Jean*, viennent parfois s'ajouter des grisailles avivées de tons dorés, où ressort davantage l'art de la composition et du dessin. On ne saurait trop admirer celles de *Saint-Pantaléon* et de *Saint-Nicolas*, ainsi qu'un fragment de la *Vie de Sainte-Agathe* conservé à *Saint-Jean* ; et, dans les églises rurales des environs, à Saint-Léger, à Saint-Paul-les-Vertus, à Ville-moiron, par exemple, d'autres spécimens non moins remarquables de ces peintures dont la teinte grise ne diminue pas la splendeur.

Aucune région, en France, ne peut, croyons-nous, montrer autant de vitraux peints dans ses églises rurales que ceux du xvie siècle, et du commencement du xviie, qu'on peut remarquer dans les villages du département ; dans le seul arrondissement de Troyes, les verrières de vingt de ces églises ont été classées comme monuments historiques. Il y a de belles verrières dans l'arrondissement d'Arcis, comme dans celui de Bar-sur-Seine ; et si la ville de Bar-sur-Aube n'en a pas conservé, c'est une exception qui ne saurait infirmer la générosité artistique et pieuse du seigneur et des habitants au xvie siècle, qui s'est également manifestée dans les églises des environs de cette ville, dont sept ont été classées pour leurs vitraux.

LINARD GONTIER

Les guerres de religion ralentirent ou suspendirent les travaux des peintres verriers ; mais, avec le règne de Henri IV, leur art reprit une vigueur nouvelle, et, avant de disparaître à l'époque de Louis XIV, brilla d'un très vif éclat et se revêtit d'un charme particulier avec Linard Gontier, ses fils, et les autres artistes de son école [1].

Ce ne fut pas seulement sur les fenêtres des églises que ce peintre

---

1. Linard Gontier (1568-1640) a travaillé dans les églises de Troyes, de 1595 à 1630. C'est de 1620 à 1624 qu'il peignit les vitraux de l'Arquebuse. Ses fils, Linard, Jean et Nicolas, travaillèrent avec lui, et exercèrent le même art après sa mort.

verrier fit resplendir son talent ; si celles de la cathédrale de *Saint-Étienne* ont disparu, il en reste encore des spécimens très remarquables à Saint-Martin-ès-Vignes, garnie d'une série de vitraux de cette époque d'une incomparable valeur, comme dans une chapelle de la cathédrale, où l'allégorie mystique du pressoir est peinte avec une rare habileté ; il exécuta aussi pour les édifices publics et les habitations particulières de petits panneaux sur verre, dont la finesse et l'aisance du dessin, la transparence et la vivacité du coloris ne sauraient être trop louées. D'après un annaliste local, la plupart des bourgeois du quartier haut de la ville, qui était le séjour des magistrats et des riches marchands, avaient voulu orner leurs vitres de ces panneaux séduisants. La Compagnie de l'Arquebuse en avait décoré les fenêtres de la grande salle de son hôtel, et ces précieuses peintures ont pu être recueillies et sont aujourd'hui conservées à la Bibliothèque de Troyes. Ce sont des sujets allégoriques, des portraits, des armoiries, à côté de scènes historiques, peintes d'après des estampes connues, ou d'un dessin vraiment original, comme les quatre panneaux représentant des épisodes de l'*Entrée de Henri IV* dans la ville en 1596.

Il y eut jusqu'aux dernières années du règne de Louis XIII des ateliers de peinture sur verre très florissants ; on trouve encore de leurs œuvres dans quelques collections particulières, ainsi qu'au Musée, et dans la sacristie de l'église *Saint-Nizier*, où l'on conserve, entre autres, trois petits carrés de verre sur lesquels ont été peints des personnages grotesques, dont l'auteur semble s'être inspiré de CALLOT.

L es dernières productions de la peinture sur verre datent de 1662 à 1675, époque à laquelle furent décorées, par JUBIER et COCHET, les hautes fenêtres, récemment construites, du chœur de l'église *Saint-Pantaléon.* M. MARTIN a récemment retrouvé et publié le traité notarié qui fut passé entre le donateur et l'artiste, pour l'exécution de l'une d'entre elles. Ces verrières, qui ne sont pas sans mérite, gardaient la tradition de celles du XVIᵉ siècle ; mais l'influence dominante de l'art classique et romain de l'Académie de peinture de Paris tend à substituer le verre blanc au verre coloré, et le XVIIIᵉ siècle, loin de terminer les verrières inachevées, laissa tomber celles qui périclitaient. Heureusement qu'à Troyes, comme à *Notre-Dame* de Paris, il ne détruisit pas celles qui existaient, et qu'il les transmit à peu près intactes à notre époque.

A partir de 1840, l'art de la peinture sur verre, après une éclipse d'un siècle et demi, a repris dans nos régions. On a restauré avec goût des vitraux anciens : on en a fait de nouveaux. Des ateliers spéciaux se sont ouverts dans notre ville, et des artistes habiles et consciencieux, tels que Martin Kermanowska, Vincent Larcher et Vibot, ont repris les traditions du xvie et du xviie siècle.

PEINTRES DÉCORATEURS

LES peintres proprement dits sont encore plus nombreux que les verriers ; on a relevé les noms de 516 d'entre eux, du xive siècle à la fin du xviie ; mais, il est à remarquer que tous ne furent pas des artistes, et que le plus grand nombre sont des décorateurs, des doreurs, ou même des badigeonneurs. Beaucoup d'entre eux ont cependant pratiqué l'art et le métier ; des compagnons travaillaient sous leurs ordres aux besognes vulgaires, et il arriva plus d'une fois que leurs œuvres continuèrent la direction de leur atelier.

Au Moyen Age, ils décoraient l'intérieur des églises d'ornements, et parfois de sujets religieux ; mais, de ces fresques, on ne pourrait citer que de rares spécimens, comme celui de l'église de Fravaux ; le temps les a presque totalement effacées et, de l'époque de la Renaissance, il ne subsiste que des traces, mal conservées, des peintures murales qui avaient décoré certaines chapelles de la cathédrale, de *Saint-Urbain*, et de *Saint-Nicolas*.

Les peintres sont aussi les auxiliaires des sculpteurs, et quelques-uns même manient le ciseau aussi bien que le pinceau ; jusqu'au commencement du xviie siècle, ils enluminent les statues qui décorent les églises, les dorent, et, à la veille de certaines fêtes, les nettoient et en ravivent les couleurs. Ils font des plans et des dessins, qu'exécutent les verriers, les brodeurs, les émailleurs ; ils en tracent pour les tailleurs d'images et les maîtres maçons. Ils peignent des décors pour les entrées de souverains, des écussons pour les enterrements. Leurs noms figurent souvent dans les comptes des églises et des villes, pour ces multiples attributions ; mais, c'est à peine si on les rencontre pour des tableaux proprement dits, car ceux-ci ont été faits aux frais des confréries et des particuliers, dont les comptes ne se retrouvent pas.

LE tableau le plus ancien que contiennent les églises est une *Vierge à l'Enfant*, conservée dans la petite église en bois de *Saint-Gilles*. Avec son fond d'or, elle paraît remonter à la fin du xive siècle. C'est au xvie siècle, seulement, qu'éclate la fécondité de l'école de peinture troyenne, dans les nombreux panneaux en bois, tryptiques, dyptiques, qui ont été remis en honneur dans quelques-unes de nos églises, après avoir été dédaignés aux siècles précédents, au point de servir de menuiserie à des armoires et même de voliges sous les ardoises de la cathédrale. Tous ces panneaux, de dimension restreinte, sont presque toujours peints des deux côtés, le sujet principal, où les personnages sont d'ordinaire nombreux, en polychrome ; et, sur le revers, qui devient apparent lorsque le volet est fermé, est retracé, d'une manière plus sommaire et plus simple, un de ces saints ou saintes en grisaille.

TEL est le tableau de l'*Assomption*, conservé au Musée ; au revers est *sainte Elisabeth*, d'un style élégant et noble, dans son exécution un peu sommaire, qui laisse entrevoir les traits et les hachures de l'esquisse, sous la peinture monochrome. Il est daté de 1522, date la plus ancienne que nous ayons constatée. Ensuite, vient un tryptique de l'église *Sainte-Savine*, donné, en 1533, par les femmes d'une paroisse de la ville, comme l'atteste une inscription placée dans le cadre. Ce tableau à trois compartiments, avec les volets qui le fermaient, présente des particularités intéressantes de facture et de costumes, qui, sans dissimuler les pénétrations italienne et flamande qu'a ressenties l'art troyen, permettent de lui assigner des caractères propres. La richesse et l'originalité de certains costumes, les attitudes un peu cherchées, les accessoires réalistes, les paysages parfois tourmentés, et les architectures savantes des derniers plans, donnent un cachet particulier à ces œuvres, qui sont contemporaines de l'époque la plus originale de la sculpture de la Champagne troyenne.

ON peut rattacher à cette école pittoresque les panneaux du transept sud de *Saint-Remy*, l'histoire de la *Santa-Casa* de *Lorette*, dans la chapelle de *Saint-Martin ès aires* et d'autres encore. Plus nombreux sont les tableaux qui portent les dates de 1542 à 1560, et qui, tout en correspondant à l'époque où l'italianisme devient prépondérant dans notre région, gardent une grande partie des qualités propres à l'art local. Citons, parmi eux, le beau rétable donné par la corporation des vignerons à l'église *Sainte-Savine* (1548) ; et, dans la même église, le martyre de *saint Sébastien*, où se révèle une supériorité de dessin incontestable.

Les limites qui nous sont assignées ne nous permettent pas de donner une liste complète des œuvres distinguées du xvie siècle que renferment, non seulement les églises de la ville, mais un grand nombre des paroisses rurales qui l'environnent. Je dois cependant mentionner un tableau de *Sainte-Savine*, représentant *Moïse sauvé des eaux ;* c'est le seul où nous ayons découvert une signature, et cette signature : PIERRE LISARD, 1571, est celle d'un peintre d'Anvers, dont l'œuvre porte l'empreinte de l'école du PRIMATICE, qui se révèle aussi dans un intéressant tableau du Musée représentant *Rebecca et Éliézer*.

DE ces nombreux tableaux quels étaient les auteurs? Sauf Lisard, aucun d'eux n'a signé son œuvre. Il n'est pas facile de choisir entre tant de noms mentionnés dans les archives. Beaucoup de peintres ont formé des sortes de dynasties, qui, comme les CORDONNIER, les PASSOT et les POTTIER, se sont livrés à leur art, du xve au xviie siècle. NICOLAS CORDONNIER, ou le FLAMANT, paraît avoir été l'un des plus célèbres, comme réunissant le triple talent de la peinture à l'huile et sur verre, et de la sculpture.

Il faut aussi citer, au xvie siècle, les CANTILLE, les THARONOT, les PLANSON, qui se transmettaient dans l'atelier familial les procédés et les traditions de l'art et du métier. Troyes est une ruche de peintres qui essaime en diverses provinces; un des Cordonnier se fixe en Provence; JEAN CHALETTE devient le peintre ordinaire de la ville de Toulouse, et le Musée de Troyes possède un curieux tableau de cet artiste, qui témoigne de ses rares qualités de miniaturiste.

XVIIe SIÈCLE. PIERRE & NICOLAS MIGNARD

A PARTIR du commencement du xviie siècle, l'art de la peinture se transforme à Troyes comme dans le reste de la France. Aux rétables et aux petits panneaux succèdent les grandes toiles qui se dressent au-dessus des autels, et se suspendent entre les arcades; la condition des artistes peintres se distingue de celle des artisans; les premiers forment à Troyes une *confrérie de Saint-Luc;* ils signent désormais leurs œuvres. C'est ainsi que nous trouvons les noms de NINET DE LESTIN, de NICOT, de RIQUET, de CARREY, au bas de tableaux qui existent encore; mais l'influence de Rome et de Paris les domine entièrement. Elle attire certains d'entre eux au point de leur faire presque abandonner leur patrie d'origine. Les plus célèbres, NICOLAS et PIERRE MIGNARD, n'y reviennent plus, après qu'ils l'ont quittée dans leur première jeunesse pour poursuivre ailleurs leurs études artistiques; ils y ont pourtant puisé, surtout dans la contemplation des œuvres de sculpture du siècle antérieur, les inspirations de leur art séduisant; et Pierre Mignard ne se rappellera au souvenir de ses compatriotes que par le beau tableau du *Baptême de Jésus-Christ,* qui orne encore le maître-autel de l'église *Saint-Jean.*

De nos jours, le Musée a pu s'enrichir de deux toiles importantes, le portrait d'ANNE D'AUTRICHE, et un médaillon soutenu par les Grâces, qui lui sont avec vraisemblance attribués.

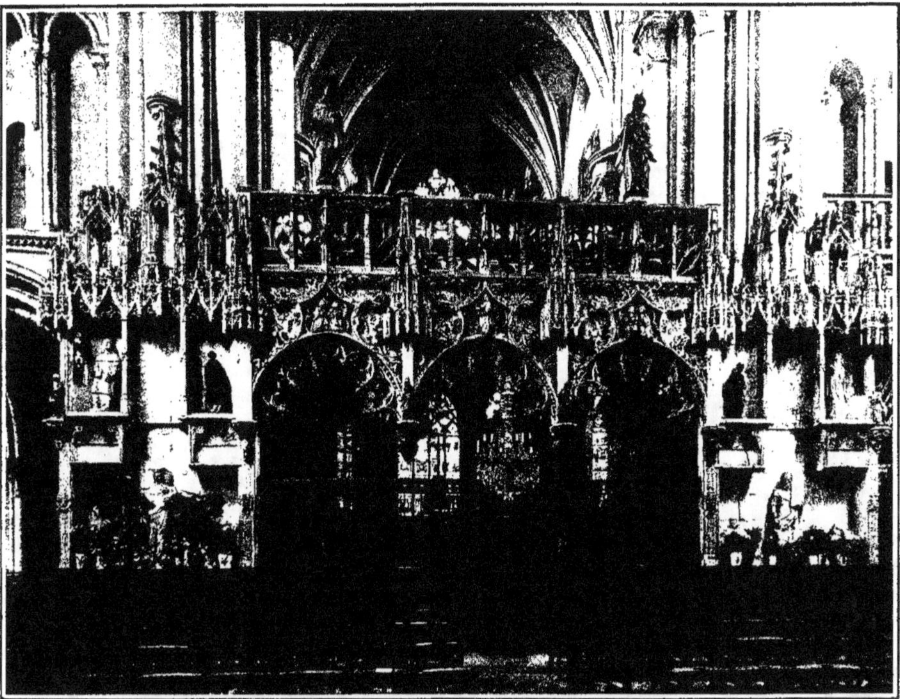

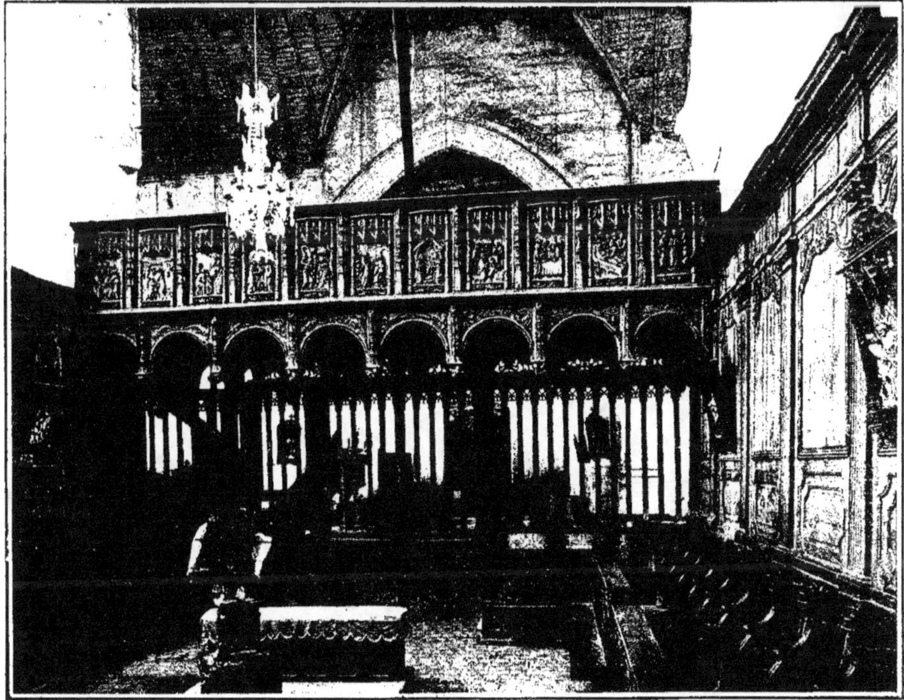

TROYES. *Église de la Madeleine. Jubé côté de la nef, élevé sous la direction de Jean Gailde (1508-1517).*
VILLEMAUR (Aube). *Église. Jubé en bois sculpté, par les frères Thomas et Jacques Guyon (1521).*

NINET DE LESTIN. NICOLAS BAUDESSON

NINET DE LESTIN (1597-1663), dont le mérite, comme la réputation, est inférieur, a travaillé davantage à Troyes, quoiqu'il ait résidé à Paris, où il a peint un des grands tableaux de *Notre-Dame*. Plusieurs de ses grandes toiles, consacrées à des sujets religieux dans le genre de CARAVAGE, mitigé par l'influence de VOUET et de LESUEUR, ornent encore plusieurs des églises de Troyes, notamment *Saint-Remy* et *Saint-Nizier*.

De JEAN NICOT, dont le frère, peintre comme lui, s'était fixé à Rome, où il est mort, l'église *Sainte-Madeleine* possède une série de petits tableaux où se reflète l'influence du POUSSIN.

FRIQUET DE VAUROSE et BAUDESSON qui, nés à Troyes, ont été membres de l'Académie de peinture de Paris, n'ont pas exercé leur art dans leur ville natale, où le premier n'est représenté que par un tableau conservé à l'*Hôtel-Dieu*.

Si JACQUES CARREY a fait de lointains voyages en Orient, il a du moins passé ses dernières années à Troyes, où il a laissé à la paroisse *Saint-Pantaléon*, dont il était marguillier, six grands tableaux, d'une couleur claire et d'un aspect décoratif, représentant la vie et le martyre du patron de l'église. En face de l'un d'eux se trouve un grand tableau de LOUIS KERLUYSON, qui appartient à une famille d'artistes du xviiᵉ et du xviiiᵉ siècle.

NATOIRE

AU xviiiᵉ siècle, la peinture locale est peu féconde ; on s'adresse plutôt aux artistes de Paris qu'à ceux de Troyes. Le contrôleur général ORRY fait décorer son château de La Chapelle-Godefroy, près de Nogent-sur-Seine, par NATOIRE, qui fut directeur de l'École de Rome. Ses grandes toiles, représentant des scènes historiques, mythologiques ou allégoriques, ont été recueillies au Musée de Troyes, après avoir été confisquées en vertu des lois de la Révolution. Elles forment un ensemble des plus agréables à contempler par l'élégance du dessin et la fraîcheur du coloris. A côté sont exposées, au Musée, deux charmantes toiles de WATTEAU, un OUDRY, un GREUZE, une belle composition d'HUBERT ROBERT, un LAGRÉNÉE, provenant de sources diverses. et qui peuvent apporter leur contingent à l'histoire de l'art séduisant de cette époque.

JEAN COSSARD. A.-F. ARNAUD

A TROYES, on voulut lui rendre l'impulsion qui lui manquait par la création d'une école de dessin, qui fut fondée en 1776. Les premiers professeurs, tels que RONDAT, BAUDEMANT, PIERRE COSSARD, ne paraissent pas avoir joui d'une grande notoriété, de même que les élèves qu'ils formèrent. Les meilleurs peintres de la fin du siècle et du commencement du XIXe réussirent surtout dans la miniature et le pastel; on estime particulièrement les miniatures de JEAN COSSARD (1764-1828), qui appartenait à une famille de peintres et qui, malgré son talent, fut obligé, pour vivre, de peindre, en 1792, les poteaux et les massacres de la guillotine. Citons aussi les portraits au pastel de PETIT, qui était originaire de l'Yonne.

Plus tard, deux peintres se firent surtout un nom, mais plutôt par leurs écrits que par leurs tableaux. PAILLOT DE MONTABERT, qui a laissé quelques bons portraits, avec un tableau mythologique aujourd'hui démodé, a publié un volumineux *Traité de la Peinture;* quant à ARNAUD, il a rendu de grands services à l'archéologie par la rédaction du texte et les lithographies qui composent son remarquable *Voyage pittoresque et archéologique dans l'Aube,* édité en 1837.

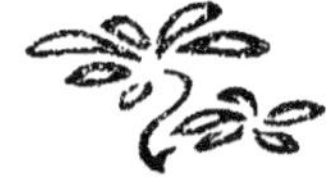

LES FÊTES PUBLIQUES

DOMINIQUE ET L'ENTRÉE DE HENRI II A TROYES

E N 1548, lorsque le roi HENRI II et CATHERINE DE MÉDICIS furent sur le point de faire leur entrée dans la ville de Troyes, c'est à DOMINIQUE que s'adressa l'échevinage pour organiser les préparatifs de la réception. L'acte suivant l'atteste :

« Le deuxième jour d'avril, l'an mil cinq cens quarante-huit, en la chambre de l'eschevinage de Troyes, « cedit jour a esté convenu à maistre Dominique Florentin, ymageur et painctre, demeurant à Troyes, de conduyre et soy donner garde et besongner en tout et partout des affaires et triumphes de l'entrée du Roy et de la Reyne quy se fera de brief audit Troyes, moyennant de dix escus soleil, qui luy seront payez pour et durant quinze jours entiers, à compter du jour de demain, si tant l'affaire dure [1]. »

Aucun choix ne pouvait être plus heureux. « Ymageur et painctre, » comme le désigne l'acte de l'échevinage, Dominique avait rapporté d'Italie les secrets de l'art décoratif, que ce beau pays a conservés en partie. Nul mieux que lui ne pouvait faire les portraits des arcs de triomphe, des échafauds, des « singularités » dont l'entrée du Roi et de la Reine fut l'occasion. Dans cette tâche, il devait avoir pour collaborateurs quelques-uns des artistes qui avaient travaillé avec lui à Fontainebleau : FRANÇOIS POTHIER, NICOLAS CORDONNIER, CHARLES COLIN, JACQUES COCHIN ; il devait aussi y rencontrer celui que la postérité a associé d'une manière étroite à sa personne, FRANÇOIS GENTIL [2].

I L est impossible de parler de GENTIL sans dire un mot de son légendaire accord avec DOMINIQUE, que jusqu'ici aucune preuve authentique n'a confirmé, pour une œuvre d'art déterminée. Ce que nous

1. Archives municipales, ancien fonds, carton 55, pièce 8.
2. Archives municipales, K. 8.

pouvons établir, d'après des documents inédits, c'est que les contemporains ne paraissent pas avoir tenu en égale estime le talent de ces deux artistes. Les comptes de l'entrée de HENRI II nous en fournissent la preuve. Une quittance du 2 mai 1548 indique que DOMINIQUE, qui est toujours qualifié de maître, est payé à raison de « trente solz par jour », tandis que nous lisons dans un compte que FRANÇOIS GENTIL a vacqué à certains ouvrages au prix de « quinze solz par jour. » Ces prix supérieurs se maintiennent pendant la durée de la résidence de ces deux sculpteurs à Troyes ; ils étaient les mêmes en 1564. Il serait peut-être exagéré d'en conclure pour GENTIL une infériorité de talent proportionnelle à la différence des salaires. DOMINIQUE était à la fois architecte, graveur, peintre, imagier ; il avait des connaissances multiples, une science des traditions d'école que Gentil n'avait peut-être pas, mais qui pouvaient être compensées par des qualités propres et inimitables. Celui-ci, dans tous les cas, paraît être au-dessus non-seulement des artisans, menuisiers ou autres qui touchent de cinq à sept sols en deniers [1], mais de la plupart de ses contemporains ; le prix de ses journées est supérieur à celui que reçoivent NICOLAS CORDONNIER, PIERRE POTHIER, JACQUES COCHIN, CHARLES COLIN [2] ; nous ne parlons pas des JULYOT, pour lesquels les moyens de comparaison nous manquent. Enfin, si DOMINIQUE fut choisi pour faire le modèle du don que la ville devait offrir au roi, moyennant neuf livres tournois, Gentil fut chargé du modèle du présent destiné à la reine, au prix convenu de cent dix sous.

Au XVIe siècle, quand les orfèvres ne sont pas des artistes, c'est aux sculpteurs qu'ils s'adressent pour avoir des modèles. En 1548, les modèles de DOMINIQUE et de GENTIL furent exécutés en argent par l'orfèvre Henriet Boulanger [3]. Ils avaient été sculptés en bois, rehaussés de peinture, argentés et dorés ; on les conservait avec soin, et comme le modèle du présent fait au roi en 1564 avait été « gasté et pillé » dans les ateliers de l'orfèvre, le peintre Nicolas Pothier fut chargé de le repeindre. Quelquefois, le temps manquait pour terminer l'œuvre d'art en métal précieux, et, dans ce cas, c'était le modèle en bois, argenté avec soin, que l'on présentait au souverain, afin de lui faire prendre patience.

L'ENTRÉE des souverains donnait à Dominique des travaux moins minutieux que les modèles d'orfèvrerie. Il faut lire les relations

---

1. Les menuisiers ont 10 s., 7 s. 6 d. et 5 s.; les couvreurs, 5 s. (*Archives municipales*, K 8.)
2. Les trois premiers touchent 10 s. par jour ; Charles Colin seulement 7 s. 6. d. (*Archives municipales*, K 8.)
3. *Archives municipales de Troyes*, ancien fonds, carton 55, pièce 28.

des entrées des princes de la Maison de Valois dans différentes villes, et regarder les gravures qui les accompagnent, pour comprendre le luxe des arcs de triomphe et des décorations de tous genres qu'on élevait dans ces occasions. A Troyes, en 1548, sous les ordres de Dominique, se dressent des fontaines ornées de statues, des estrades ou échafauds, des effigies de personnages fabuleux, comme *Hector* et *Atlas.* Ces images, qui ont servi pour la plupart dans des circonstances semblables, sont retirées des magasins de la ville, et comme elles ont besoin de réparations, c'est à des artistes tels que FRANÇOIS GENTIL qu'on s'adresse pour les faire. Il remet la tête d'Hector et sa hache ; il « racoustre » ses doigts, il pose des ailes à l'*Ange de l'Annonciade,* qui s'élève sur la place de Belfroi [1]. Ces fêtes présentent un singulier mélange de magnificence et de puérilité ; et l'on aura une idée des spectacles plaisants qu'on présentait aux yeux du roi de France, en apprenant qu'on avait fabriqué trois mannequins de bois pour représenter ses enfants ; que, pour rendre l'illusion plus complète, on les avait habillés, et qu'on avait posé sur la tête de ses deux filles des chevelures dont la location avait coûté cinq sols tournois [2].

L'ENTRÉE DE CHARLES IX

L'ENTRÉE de CHARLES IX fut célébrée avec plus de solennité par la ville de Troyes que celle de HENRI II. C'est encore DOMINIQUE qui fut chargé de l'organisation générale des fêtes auxquelles elle donna lieu. Moyennant la somme de 90 livres tournois, il s'engagea à faire « tous les portraits et ordonnances » qu'elle nécessiterait ; il eut « la charge et superintendance sur tous les ouvriers et ouvrages, et le regard sur les menuisiers, painctres, ymagers et autres, qu'il devait conduire bien et dument ». Le marché qu'il signa avec l'échevinage est du 18 novembre 1563, et avant l'arrivée du Roi, qui n'eut lieu que le 23 mars suivant, il put préparer ses plans et les faire exécuter. Tous ses débours lui sont payés en sus. Il touche une indemnité « pour le deviz des echaffaulx, figures et autres singularités », qu'il dresse avec le charpentier JEAN PESCHAT et l'imager FRANÇOIS DANGE ; il reçoit 40 sols tournois pour l'achat de sept mains de grand papier, afin de faire des patrons. Quatre ateliers, où travaillaient des peintres, des menuisiers, des tailleurs d'images, sont installés en ville ; ils sont éclairés le soir aux frais de l'échevinage. Les Archives municipales de Troyes renferment le cahier où furent inscrits les journées et les

---

1. *Archives muuicipales*, ancien fonds, carton 55, pièce 32.
2. *Archives municipales de Troyes*, A A. 44. Mémoire de Martin Fergent, couturier. C'est, on se le rappelle, celui qui fut caution de Dominique dans la construction du jubé.

comptes des imagers. Nous y trouvons Genet Colletz et Edme Huot, qui gagnent 12 et 10 sols, et François Gentil, qui reçoit 25 sols pour ses journées et celles de son fils. Edme Huot travaillait avec Dominique. Les préparatifs continuèrent tout l'hiver ; jamais on n'avait élevé autant d'échafauds et d'arcs de triomphe. Ils étaient construits en charpente, couverts de tuiles peintes, ornés de guirlandes et décorés de statues. Sur l'un de ces arcs de triomphe se dresse l'effigie de Saint Louis, accompagnée de deux Vertus. C'est Gentil qui les a faites et posées. L'arc de triomphe de l'hôtel de ville est décoré de pyramides et de tableaux. Dominique dirige tout ; il donne aux peintres « l'ordonnance » des peintures qu'ils doivent exécuter ; il réclame au receveur de la ville des toiles, — on dit alors des linceuls, — pour revêtir les effigies et pour faire les épitaphes ; il sert d'intermédiaire entre l'échevinage et les ouvriers. Il a reçu trois douzaines de draps ; il en a placé au beffroy, au marché au blé, à la porte de l'évêché ; sur les uns sont des peintures, sur les autres des inscriptions ; maître François, l'imager, en a employé cinq pièces ; lui-même en a pris deux pour deux figures qu'il a faites. Il en demande encore huit. Il se multiplie, et, comme les ouvriers ne peuvent exécuter entièrement ses plans, il est forcé de travailler avec eux, quoique son marché ne l'y oblige pas.

Le séjour de Charles IX se prolongea. De concert avec Gentil, Dominique décora des bateaux sur lesquels le Roi et sa Cour se promenèrent sur l'eau ; il construisit, dans le jardin de l'ancien palais des comtes de Champagne, « un fort de terre et gazon fossoyé tout à l'alentour », qui fut assailli et défendu avec « artifices de feu, comme fusées, grenades et aultres », pour « donner passe-temps et plaisir au Roy ». Les plus grands artistes de ce temps ne dédaignaient pas de se faire organisateurs et décorateurs de fêtes. Les œuvres brillantes, et malheureusement éphémères, qu'ils élevaient dans ces occasions, les mettaient à même de déployer dans un court espace de temps leurs qualités nombreuses, et de manifester à leur aise toutes les ressources de leur imagination et de leur science.

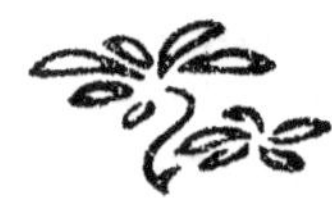

L'ORFÈVRERIE

LES MANUSCRITS

LA TYPOGRAPHIE

LA TAPISSERIE

LA FERRONNERIE

LA CÉRAMIQUE

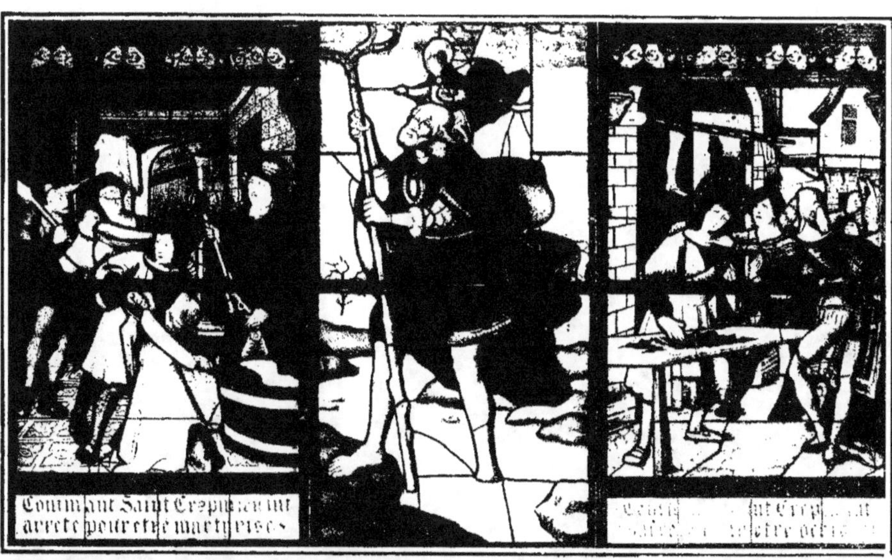

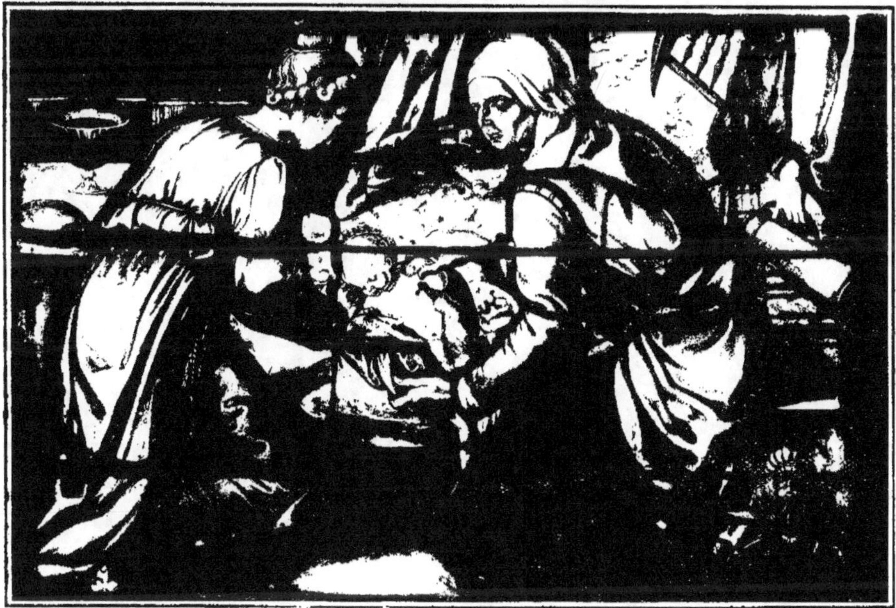

VITRAUX

RIGNY-LE-FERRON (Aube). *Église. Saint Crepinien, Saint Christofle, Saint Crepin, restaurés (XVI° siècle).*
TROYES. *Église Saint-Martin-ès-Vignes. Naissance de Sainte Anne, fragment (XVI° siècle).*

L'ORFÈVRERIE

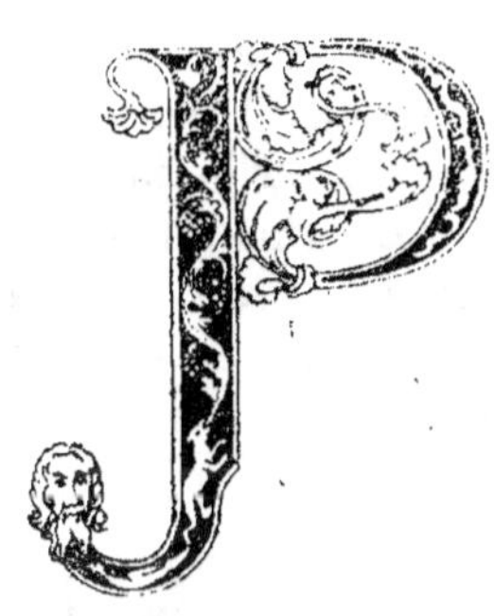

Lus nombreux encore que les peintres furent les orfèvres de Troyes ; Natalis Rondot a noté les noms de 532 d'entre eux du xii° au xvii° siècle, dont 222 pour le xvi° seulement. Il a signalé l'art qu'ils ont déployé dans leur œuvre, rehaussée par la ciselure et la gravure, distinguée par l'habile exécution de l'étampage et de l'émaillerie.

Au xiii° siècle, leur talent s'était révélé particulièrement dans les émaux et les statues d'argent des tombeaux des Comtes de Champagne, Henri le Libéral, et Thibaut III, pièces monumentales d'orfèvrerie, justement célèbres au xviii° siècle, et que la Révolution a dépecées pour en livrer les matières précieuses à la fonte.

Nous avons de ces tombeaux des descriptions du xviii° siècle [1], qui montrent jusqu'à quel point ils pouvaient être admirés, même à une époque où l'art du Moyen-Age n'était pas en honneur. Sous une arcature de bronze, ornée de feuillages et de vingt-huit émaux très riches, était étendue la statue de bronze doré du comte Henri, de grandeur naturelle ; on l'entrevoyait à travers quarante-huit petites colonnes de bronze doré, garnies de figures d'anges à mi-corps, et qui soutenaient un entablement entouré de feuillages.

Le tombeau de Thibaut III, de même dimension, était plus riche et plus beau. Sur la plinthe décorée de vingt-six émaux, s'élevaient trente-quatre colonnes encadrant des statuettes en argent, représentant entre autres le roi de France, Louis le Jeune, Henri, roi d'Angleterre, Sanche, roi de Navarre, les comtes Henri I°° et Henri II, ainsi que d'autres princes et princesses de leur famille. La statue de Thibaut, mort en 1201, était couverte d'argent et de vermeil ; elle était étendue

---

1. Arnaud, *Voyage archéologique dans l'Aube.* pp. 29 à 33.

sur le sarcophage, et l'on remarquait les armes de Champagne sur la bande qui soutenait son escarcelle.

Les inventaires des trésors des églises, publiés par l'ABBÉ LALORE, ont fait connaître les richesses d'orfèvrerie qu'ils contenaient. Nous savons aussi les noms des plus fameux artisans du xvᵉ et du xvⁱᵉ siècle qui les exécutèrent. Si MARTIN DE CORNUAILLE, dit L'ANGLAIS, doit avoir une origine étrangère, la plupart appartiennent à des familles bien indigènes et se perpétuent de père en fils dans le métier. Telles les familles ROUAIRE, CHEVRY, BOULANGER, RONDOT.

De l'atelier des plus habiles d'entre eux sortent des pièces remarquables d'orfèvrerie qu'on offre aux souverains lors de leur première entrée dans la ville. L'un d'eux, JEAN PAPILLON, exécuta, à la fin du xvᵉ siècle, une châsse représentant la tête, en argent, de *Saint-Loup*, soutenue par deux anges, sur un socle où les actes du saint étaient peints sur des émaux, qui seuls subsistent, et qu'on a pu attribuer au Limousin NARDON PÉRICAUD. Cette châsse « fut promenée et vue dans tout le royaume avec admiration, dit GROSLEY, qui remboursa l'abbaye de Saint-Loup d'une partie du prix qu'elle avait coûté. » Ce prix s'était élevé à 2.200 livres tournois.

Nous ne saurions mentionner toutes les œuvres d'orfèvrerie qui ont été indiquées dans les comptes et dans les inventaires ; mais il faut signaler celles qui subsistent encore, et qui attestent la richesse et l'importance de cet art dans les siècles où, comme au Moyen-Age, on croyait que la valeur de la matière employée ajoutait au mérite de l'œuvre.

Au Musée de Troyes, on a recueilli des plaques d'émail champlevé, provenant des tombeaux des COMTES DE CHAMPAGNE qui font juger, dans leurs dimensions restreintes, du luxe avec lequel avaient été décorés ces monuments. Des custodes émaillées, données par l'abbé COFFINET, peuvent être rapprochées de la châsse de l'église de Villemaur, « d'un émail champlevé très fin aux couleurs vives et pures ». L'église de Jaucourt possède un reliquaire du xivᵉ siècle, soutenu par deux anges de vermeil agenouillés, aux carnations peintes. A Nogent-en-Othe, on remarque une belle porte de châsse, en émail champlevé, sur lequel se détachent des personnages malheureusement mutilés.

Mais c'est au trésor de la cathédrale de Troyes que sont réunis la plupart des objets d'orfèvrerie religieuse du Moyen-Age qui ont échappé à la destruction. A côté de l'émail au type byzantin de *Saint-Pierre au ciel*, qui remonterait au xiᵉ siècle, du coffret d'ivoire sculpté rapporté de Constantinople après la Quatrième Croisade, on conserve la crosse, le calice et la patène de l'évêque Hervée, une châsse en émail champlevé, du xıı⁰ siècle, autrefois à Villemoyenne ; la croix d'argent doré et émaillé de Pierre Frober, des pyxides émaillées portées par des anges ; enfin, la châsse provenant de Nesle-le-Reposte, refaite en partie, avec ses statuettes assises d'argent repoussé, qui ont été en partie reconstituées de nos jours.

Parmi les richesses conservées au Trésor, il faut aussi mentionner un joli médaillon en argent ciselé, d'origine florentine, de la fin du xvıe siècle, qui a été légué par l'abbé Coffinet. Des objets d'orfèvrerie religieuse, calices et patènes, provenant de la chapelle du château de Villacerf et de l'évêque de Troyes Latour du Pin, représentent l'orfèvrerie relativement moderne qui ne sort plus des ateliers de la région, et qui n'apportent, par conséquent, aucun élément à l'histoire de l'art local.

SCEAUX

A l'art de l'orfèvrerie pourrait se rattacher la sigillographie, car les matrices des sceaux étaient, d'ordinaire, ciselées par les orfèvres. Les archives et le Musée de Troyes conservent de précieux spécimens de ces sceaux, qui ont donné lieu à de savantes études de MM. d'Arbois de Jubainville, et Louis Le Clert. Sur les sceaux des *comtes de Champagne*, nous voyons les empreintes de chevaliers lancés au galop de leur monture, et portant le casque et le bouclier armorié ; ces documents, précieux pour l'histoire, ne le sont pas moins pour l'art du dessin du Moyen Age, dont ils attestent à la fois la raideur et la sincérité.

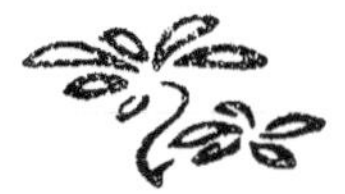

MANUSCRITS, TYPOGRAPHIE, GRAVURE

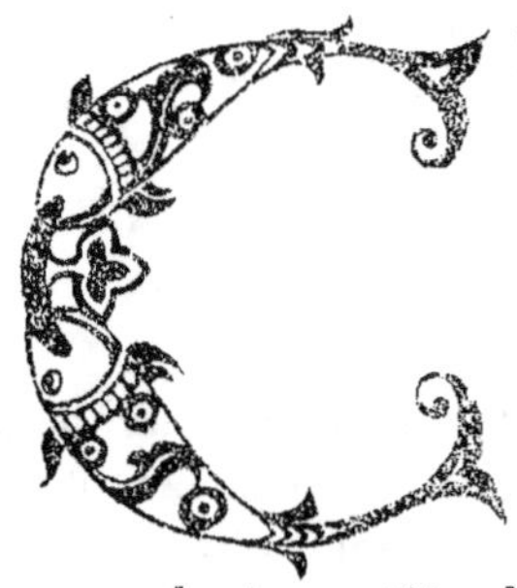'EST aussi dans les manuscrits que se révèle l'art du passé. Quelques-uns, appartenant à la Bibliothèque de Troyes, remontent à une haute antiquité. Le plus ancien est une lettre pastorale du pape GRÉGOIRE Ier, qu'on croit être du commencement du VIIe siècle. Mais l'art ne se révèle que dans les miniatures d'un évangéliaire de 909, et encore cet art est d'un caractère barbare, qui se manifeste particulièrement dans les emblèmes placés en tête des chapitres. Plus remarquables sont les ornements et les figures d'un psautier, dit du *Comte Henri*, et qu'on croit appartenir au IXe siècle. Il y a plus de souplesse et de goût dans les lettres ornées d'une *Cité de Dieu* du XIe siècle, et dans les miniatures d'une Bible du XIIe, provenant de l'abbaye de Montiéramey. Presque tous ces manuscrits ont appartenu aux abbayes de la région, parmi lesquelles se trouvait celle de Clairvaux, fondée par SAINT BERNARD, qui a laissé une Bible annotée de sa main et conservée aujourd'hui, à Troyes, comme une relique doublement précieuse.

Ce qui prouve l'estime et le respect qu'on avait pour les livres saints au Moyen Age, ce sont les luxueuses reliures dont on les revêtait. C'est ainsi qu'un évangéliaire de l'abbaye de *Notre-Dame-aux-Nonnains* a été recouvert, du côté du titre, d'une plaque d'orfèvrerie, dont la bordure, incrustée de pierres précieuses, entoure une crucifixion, avec *la Vierge* et *saint Jean*, ciselés en argent. Encore au XVIe siècle, on recouvrait certains livres de plaques de métal doré, comme celle qui décore le plat supérieur d'un missel de *Saint-Urbain*, et qui représente l'*Adoration des Mages*.

ARMI les autres manuscrits de la Bibliothèque, illustrés de miniatures et de lettres historiées, nous citerons un *Rondeau des Morts*, de l'abbaye *Sainte-Bénigne* de Dijon, une bible historiale, et surtout les postilles de NICOLAS DE LYRE, ornées de belles miniatures du xve siècle. Les archives de l'Aube contiennent un manuscrit provenant d'une confrérie troyenne, dans lequel sont plusieurs miniatures d'un dessin facile et d'un coloris clair, qui peut donner une idée du degré d'habileté auquel avaient pu atteindre, au commencement du xvie siècle, les miniaturistes de la localité.

TYPOGRAPHIE. GRAVURE

LA typographie vient, à cette époque, porter une atteinte décisive à leur art. Elle s'était établie dès le siècle précédent à Troyes. S'il faut citer, sans pouvoir les confirmer, les assertions qui faisaient remonter l'exercice de l'imprimerie dans cette ville à 1444, et même à 1430, on ne peut montrer, à la Bibliothèque de la ville, de livres plus anciens que les *Postilles des Epîtres*, sorties en 1492 des presses de GUILLAUME LEROUGE. La transition entre le style ancien et les procédés nouveaux y est marquée par les gravures sur bois, coloriées avec soin, de manière à simuler des miniatures faites à la main. L'origine de la gravure sur bois, et peut-être de l'imprimerie, peut se trouver dans les dominotiers-cartiers, qui ont publié des images avec texte, tels que des cantiques, entaillées dans la même planche de bois.

Il n'est pas interdit, non plus, de rattacher cette origine aux pierres tumulaires gravées, qui se trouvent en grand nombre dans les églises de Troyes et des environs, notamment à *Saint-Urbain*, où l'on a relevé, contre les parois des bas-côtés, les mieux conservées de ces pierres, qui présentent, avec une rare habileté de trait, l'image des chanoines et des bourgeois, dont ils recouvraient les restes, au milieu d'ornements empruntés à l'art architectural, et qui sont souvent d'une véritable élégance.

TRÈS nombreuses sont les gravures sur bois qui ont orné, du xvie au xviiie siècle, les livres sortis des presses troyennes. Elles ont illustré, principalement à partir du milieu du xviie, des publications populaires, comme la *Bibliothèque bleue*, et les almanachs, parmi lesquels on cite l'*Almanach des Bergers*. Les premiers graveurs sur bois paraissent avoir été des imprimeurs, tels que les LEROUGE et les GARNIER. Plus tard, les ateliers de la ville produisirent de véritables artistes, qui burinaient sur cuivre, comme PHILIPPE THOMASSIN, qui se fixa à Rome en 1600, comme les COCHIN, dont la dynastie, remontant au xvie siècle, se signala à Paris, particulièrement sous LOUIS XV.

Sous Louis XIII, Jean Piquet avait exercé à Troyes, et son frontispice du *Paranymphe des Dames*, de Nicolas Angenoult, est un spécimen recommandable de son burin fin et précis. On peut citer aussi comme originaires de la ville Nicolas Bazin, Edme Herluyson et François Sorin. Ces deux derniers exercèrent en partie leur art dans leur ville natale, où Sorin mourut en 1735, à l'âge de quatre-vingt-cinq ans.

Au XVIIIe siècle, époque de décadence pour l'imprimerie locale, nous pourrions citer seulement quelques gravures, d'un intérêt plus documentaire qu'artistique, dans les petits volumes annuels que publia Grosley, sous le titre d'*Ephémérides*. Ce n'est qu'au XIXe siècle que le département a produit de belles publications artistiques et archéologiques, sorties des presses de Troyes et de Bar-sur-Aube.

A côté des planches lithographiques publiées par Armand et Fichot, en 1822 et en 1837, il faut placer la belle héliogravure sortie de la maison Jondreaux et Rey, de Bar-sur-Aube, qui publie *le Portefeuille archéologique de l'Aube*, dont les dessins ont été exécutés par Gaussen; l'*Album pittoresque et monumental de l'Aube*, qui contient de remarquables lithographies dues au crayon de Charles Fichot, qui a couronné sa longue et laborieuse carrière par la publication de la *Statistique monumentale de l'arrondissement et de la ville de Troyes*, dont il est originaire, ouvrage remarquable dont le texte érudit est accompagné de dessins précis et fidèles, et qui, bien que gravés et tirés à Paris, reproduisent les nombreux monuments d'art de la région de manière à en faire apprécier la valeur et à en assurer la mémoire.

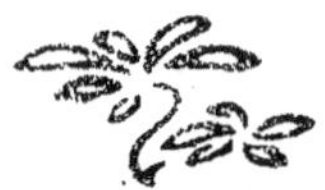

TAPISSERIE, FERRONNERIE, CÉRAMIQUE

TAPISSERIE ET BRODERIE

'INTÉRIEUR des églises du Moyen Age ne présentait pas l'aspect de simplicité lapidaire que, de nos jours, il offre d'ordinaire aux regards. Si les autels, surmontés de colonnes de cuivre, resplendissaient des reliquaires d'orfèvrerie précieuse, les colonnes et les voûtes étaient, le plus souvent, recouvertes de peintures polychromes; les sanctuaires étaient tendus d'étoffes unies ou décorées de couleurs et de dessins variés. L'art du tapissier et du brodeur était mis en œuvre pour leur donner plus d'éclat. Du XIIᵉ au XIVᵉ siècle, li y traçait fréquemment des figures d'animaux, lions, léopards, cerfs, aigles, licornes, et d'autres encore, semées symétriquement ou répétées à profusion. Telles étaient les courtines à « images de lions », qui garnissaient les murs, et les sujets de la collégiale *Saint-Urbain* à la fin du XIIIᵉ siècle. Non seulement on en tissait et on en brodait pour tendre les parois des chœurs, mais pour former des parements d'autel ou de lutrin, des ornements sacerdotaux, et même des couvertures de livres. Dans ce cas, le travail était plus soigné, et la soie se mêlait à l'or et à l'argent pour en augmenter la valeur. On peut admirer des spécimens de ces étoffes précieuses au trésor de la cathédrale de Troyes, notamment dans un parement d'aube, trouvé dans le tombeau d'un évêque, où des léopards d'or ressortent sur un fond rouge ; dans la couverture d'un évangéliaire du XIIᵉ siècle, où des aigles et des lions sont figurés sur un fond grisâtre. Des églises de campagne, même, conservent quelques fragments de ce tissu curieux, comme celle de Lentilles, où l'on a gardé un parement de pupitre, semé d'une multitude d'animaux de teinte gris vert, sur fond d'or.

IL y avait alors, dans la localité même, des artisans qui étaient aussi des artistes, et qui travaillèrent pour les gens d'église comme pour les grands seigneurs, et les riches bourgeois. Les *comtes de Champagne* du XIIe et du XIIIe siècle, alliés à la maison de France, tenaient une cour qui pouvait rivaliser avec celle de leur suzerain. Les seules épaves, pour ainsi dire, qui en subsistent à Troyes, consistent dans trois aumônières recueillies au trésor de la cathédrale. Si l'une d'entre elles n'est remarquable que par son travail de tapisserie, la seconde nous présente, en broderie de soie, des scènes historiques du règne de Louis VII; la troisième, s'inspirant sans doute des sujets traités dans les cours d'amour du temps de THIBAULT LE CHANSONNIER, nous montre des scènes allégoriques d'un caractère ingénieux. Dans l'une d'elles, deux jeunes femmes se préparent à scier un cœur, tandis qu'un bras sortant d'un nuage va trancher d'un coup de hache l'instrument qui doit séparer le cœur en deux. Le dessin des femmes, exécuté en broderie de soie et d'or, avec des applications de velours, est d'une simplicité des plus heureuses; leur costume unit au mérite de l'exactitude celui d'une élégante naïveté, et il ressort de l'ensemble une impression d'art véritable, où nulle convention d'école ne se fait sentir dans la correction et la grâce primitive des contours.

Plus tard, des ateliers plus savants s'établissent à Troyes; on y tisse des tapisseries sur des modèles fournis par des peintres. C'est ainsi que THIBAULT CLÉMENT exécute de 1425 à 1428, pour l'église *Sainte-Madeleine* « cinq draps de haute lisse », d'après des patrons dessinés par JACQUET LE PEINTRE et SYMON, enlumineur, sur papier et sur des draps de lit assemblés par une « coustumière ».

Vers la fin du XVe siècle, le chapitre de *Saint-Urbain* commanda à des peintres des esquilles de vingt-deux « histoires » rappelant les légendes de *saint Urbain* et de *sainte Cécile*. Elles devaient être exécutées sur cinq grands draps, et le chapitre donnait aux artistes des instructions minutieuses pour les sujets qui devaient être traités et qui d'ailleurs ne paraissent pas avoir été tissés. Au XVIIIe siècle, ce sont des tapisseries représentant d'autres sujets qui sont tendues dans la collégiale.

Il est vraisemblable qu'un beau pan de tapisserie de la Renaissance, où sont figurées les armes des familles troyennes DORIGNY et MOLÉ, est sorti des ateliers de la ville. Il fait partie des collections du trésor de la cathédrale. Il est plus probable, encore, que l'un de ces ateliers a fabriqué une très curieuse tapisserie, représentant l'*Arrestation de saint Crépin et de saint Crépinien*, et qui semble avoir été copiée sur le beau groupe de statuaire polychrome qui orne une des chapelles de l'église *Saint-Pantaléon*. Le groupe et la tenture avaient été exécutés

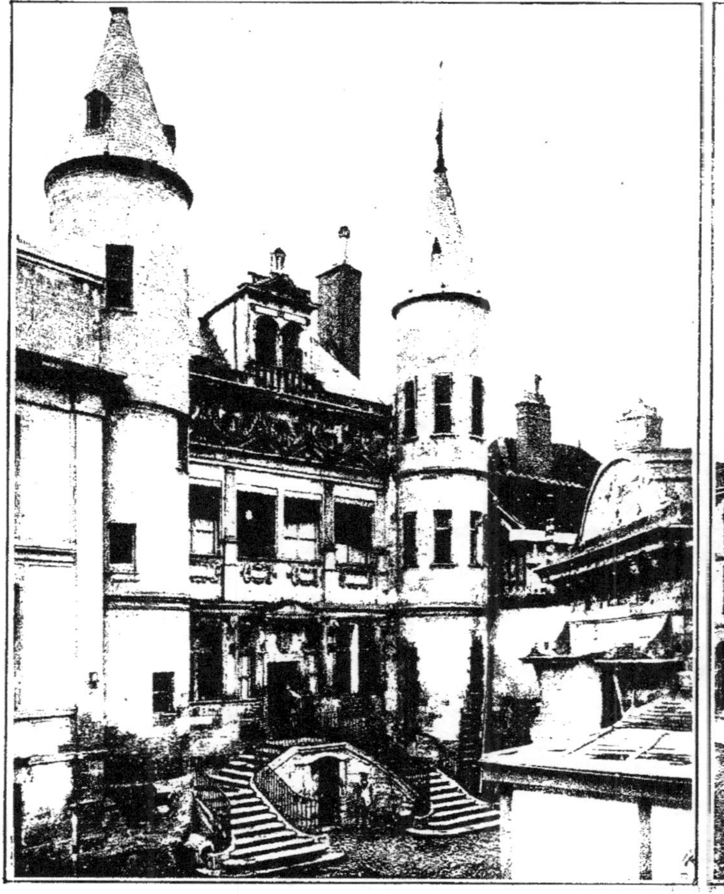

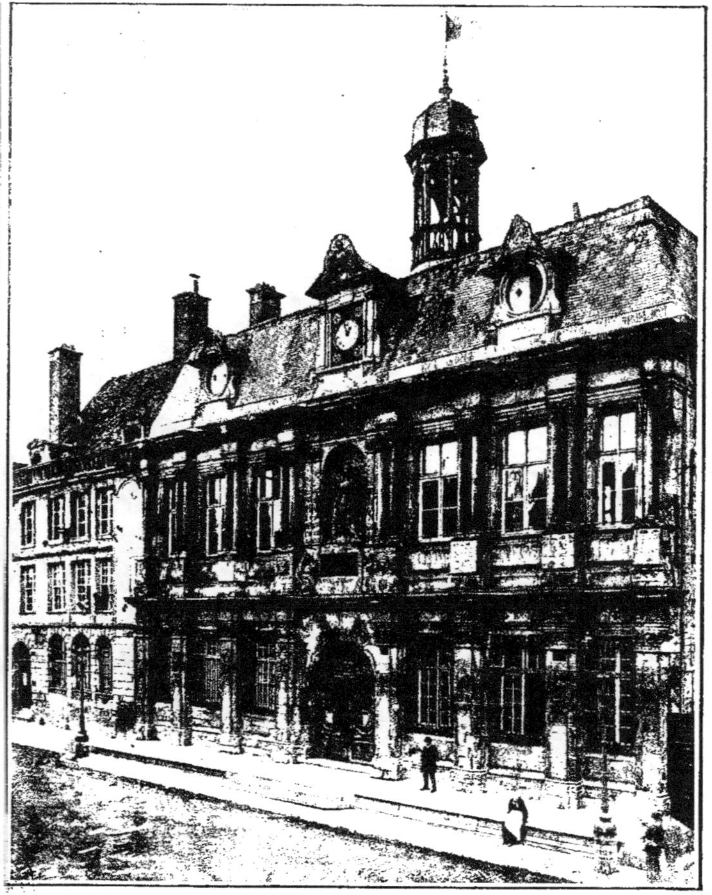

ARCHITECTURE CIVILE

TROYES. *Hôtel Vauluisant* (XVIe siècle).

TROYES. *Hôtel de Ville* (XVIIe siècle).

aux frais de la confrérie des cordonniers, dont elle décorait la chapelle à l'église des *Cordeliers*. La tapisserie appartient encore à la confrérie, qui l'expose aux yeux des fidèles le jour de la fête patronale, avec des damas précieux qui datent du règne de Louis XIV.

Au XVIIe siècle, l'art de la tapisserie ne parait plus avoir été pratiqué à Troyes. Les églises et l'hôtel de ville se décorent de tapisseries dans certaines circonstances, mais les font venir d'Aubusson et de Paris. La cathédrale et *Saint-Urbain* en avaient au XVIIIe siècle, et quelques-unes ont été conservées dans la première de ces églises. L'Hôtel de Ville possédait, entre autres, une série de cinq panneaux de l'*Histoire de Psyché*, dont elle tendait sa façade lors des processions de la Fête-Dieu, et qui sont aujourd'hui exposés au Musée d'art décoratif.

Le Musée d'archéologie a recueilli dans ses vitrines, à côté de nombreux spécimens de guipures et de dentelles des derniers siècles, des fragments d'étoffes précieuses, et de beaux travaux de broderie, tels que des orfrois de chappe à personnages, dont l'un, qui est daté de 1552, porte l'empreinte de l'art italien.

FERRONNERIE

L'ART de la ferronnerie paraît avoir moins prospéré à Troyes que celui de la tapisserie. Les ferrements de quelques coffrets, comme on peut en voir au trésor de la cathédrale, ne sont pas de nature à fournir la reconstitution d'un art local au Moyen Age. La fin de l'art gothique avait produit la *Belle Croix*, qui a été démolie à la Révolution, et dont les dessins attestent une véritable habileté. Le fondeur qui y travailla, de 1494 à 1496, est indiqué sous le nom d'Henry Sarurier. Les sculptures et les peintures furent exécutées par Nicolas Cordonnier, Jacques Bachot, tailleurs d'images, et plusieurs peintres.

On trouvera encore d'autres spécimens de cette supériorité dans une grille de fenêtre de l'*hôtel de Marisy*, dont les enchevêtrements savants font honneur aux artisans de l'époque, dans les ferrements de quelques puits publics, recueillis au Musée, et, surtout, dans des heurtoirs en fer ciselé qui décoraient plusieurs portes de maisons canoniales ou bourgeoises. Le plus célèbre, celui qui porte l'écusson des Hennequin, soutenu par un homme d'armes, fait maintenant partie d'une collection parisienne ; le moulage, seul, en subsiste à Troyes, avec quelques heurtoirs où grinçoirs, que l'on peut voir au Musée ; le plus remarquable d'entre eux consiste dans un médaillon sur lequel est ciselée une tête antique, médaillon que l'on fait mouvoir le long d'une tige disposée en spirale, de telle sorte que le frottement produisait un son plus ou moins bruyant qui donnait l'éveil à l'intérieur de la maison.

Si l'on peut signaler aussi la ferronnerie de quelques balcons dans la ville, et dans quelques demeures seigneuriales des environs, s'il est permis de supposer qu'elle sorte des ateliers locaux, il est certain qu'au xviiie siècle ceux-ci n'étaient ni assez importants, ni assez savants pour qu'on leur demandât de concourir à la décoration des édifices publics. Lorsque le chapitre de la cathédrale voulut, en 1727, remplacer la clôture du chœur par une grille, il s'adressa à « un serrurier ou architecte en fer » de Becolongne, près de Besançon. Cependant, en 1783, le chapitre de *Saint-Urbain* demanda à un architecte troyen, Milony, le dessin de grilles dont il voulait fermer son sanctuaire ; mais l'administration des hospices commanda, en 1760, à un serrurier de Paris, Pierre Delfin, la magnifique grille qui s'étend encore, de nos jours, devant la cour de l'Hôtel-Dieu. Avec sa porte monumentale, surmontée des armes de France qu'entourent des volutes, des consoles, des nervures et des végétations, ses écussons posés sur les lambris latéraux, cette grille est un spécimen, des plus heureux et des plus décoratifs, d'un style élégant et superbe du milieu du xviiie, avec plus d'ampleur et moins de finesse peut-être que les grilles de la *place Stanislas* de Nancy, avec plus de grâce que la grille de l'*Hôtel-Dieu* de Besançon, chef-d'œuvre de la ferronnerie dans l'Est de France, avec lesquelles en peut la comparer.

Elle est à coup sûr encore plus remarquable que la belle grille du sanctuaire de l'abbaye de Clairvaux qui a été placée pendant la première partie du xixe siècle entre le chœur et la nef de la cathédrale ; déposée depuis soixante ans contre un mur de l'intérieur de cette église, elle fut vendue aux enchères en 1901, malgré les efforts méritoires de la municipalité. Cette grille était un spécimen très appréciable de l'art du xviiie siècle, et il eut été désirable de la réédifier, sinon au-devant d'une des chapelles latérales de *Saint-Pierre*, du moins dans la cour du musée ou dans un des jardins publics de la ville.

CÉRAMIQUE

Si la céramique ne s'est pas manifestée, dans nos régions, par d'importantes faïenceries, si l'on ne peut guère y mentionner que celle du village de Mathaux, au xviiie siècle, elle a fourni, depuis le

Moyen Age, des spécimens remarquables dans les carrelages émaillés, qu'on rencontre encore dans quelques églises, notamment à Mesnil-Saint-Père, où M. Pichot a pu reconstituer la tombe d'un prêtre, formée de ces carreaux. Un grand nombre d'entre eux, provenant vraisemblablement des anciennes tuileries de la région, a été recueilli au Musée.

Le plus beau spécimen de cet art, qui a eu sa période d'éclat surtout au xvie siècle, est le carrelage en faïence émaillée du château de *Palisy*, près de Bar-sur-Seine. Avec ses ornements de la plus belle époque de la Renaissance, ses médaillons avec légendes en grec et en latin, il présente un aspect d'élégance, de recherche et de style, qui a permis de l'attribuer à des artistes de Florence, bien que des juges compétents soient portés à le considérer comme sorti d'ateliers de Rouen, où l'influence de l'art italien aurait été prépondérante. On sait qu'il fut exécuté sur les ordres de Guillaume de Dinerville, évêque d'Auxerre, en 1545, époque à laquelle le sculpteur Dominique Florentin avait été appelé par lui, avec Le Primatice, pour présider à la décoration de son château de Palisy.

CONCLUSION

I nous jetons un coup d'œil rapide sur le passé de l'histoire de l'art dans la région troyenne, deux époques ressortent avec un puissant relief; ce sont le xiiie et le xvie siècles. Ils correspondent toutes deux à une ère de prospérité et de fécondité artistiques, à la fois générale et locale; le mouvement du Moyen Age est influencé par des causes moins exclusivement provinciales, bien que la Champagne ne soit pas réunie encore à la couronne de France, et que les comtes aient exercé une autorité réelle et souvent bienfaisante dans les limites de leur grand fief; la grande architecture gothique de la cathédrale et de *Saint-Urbain* participe de celle du nord de la France et de l'Europe. Au xvie siècle, malgré les incontestables influences des Renaissances française, italienne et flamande, l'essor de l'art est plus spontané, plus varié, plus fécond, plus original même. De là l'étonnante efflorescence de l'art, qui se manifeste sous toutes ses formes, aussi bien dans la sculpture, la peinture sur verre et sur bois, que dans l'architecture des églises de la ville et des environs.

Depuis le milieu du règne de Louis XIV, depuis l'influence prépondérante de l'Académie de peinture de Paris, qui correspond à la prépondérance de la centralisation administrative, l'art n'a pas retrouvé la sève, la vigueur, la sincérité de l'expansion locale. Le xviiie siècle détruit plus qu'il ne construit, dans son dédain pour l'art gothique dont il n'a pas l'intelligence. Le xixe siècle, s'il n'a créé, surtout en architecture, que des œuvres dont la valeur peut être discutée, a eu du moins le rare mérite de comprendre la beauté de l'art de notre passé national, et de faire tous ses efforts pour en assurer la conservation. Ce n'est pas ici le lieu d'examiner si, à Troyes, toutes les restaurations et les reconstitutions ont été également heureuses ; mais, grâce au grand mouvement archéologique qui a été le fruit le plus bienfaisant du romantisme de 1830, la consolidation et les travaux d'achèvement de la cathédrale et de *Saint-Urbain* ont été poursuivis avec un zèle et une intelligence qui font honneur à la science de notre temps, et à son respect éclairé pour l'art d'une époque dont il ne partage pas toutes les croyances.

Bien que sous le Directoire l'administration municipale de Troyes ait voté, sur la proposition d'un architecte, la démolition de presque toutes les églises de la ville, celle-ci en a conservé neuf, qui remontent toutes aux époques du xiiie à la fin du xvie siècle. Ces neuf églises sont restées affectées au culte, et le xixe siècle n'a eu à construire que des chapelles de couvents et un temple protestant, la plupart dans un style gothique simple, adapté aux besoins des communautés qui les ont fait ériger. Il en est de même dans les villes et les campagnes, où les églises du xvie siècle étaient en grand nombre, et où l'on en a édifié peu de nouvelles. L'intérieur de quelques-unes a été décoré avec soin, notamment à *Sainte-Maure*, et surtout à *Saint-Julien*, où la générosité d'un curé a fait reconstituer, avec des peintures à fresque et des verrières, l'aspect ornemental et riche d'un sanctuaire, d'une nef, et de bas-côtés du commencement du xvie siècle. Les décorations modernes des églises, telles que les statues et les vitraux, ne sont pas toujours d'un goût irréprochable, et je ne crois pas qu'on puisse regarder comme apportant une contribution sérieuse aux productions de l'art local, une industrie établie dans un chef-lieu de canton du département, qui envoie ses statues coloriées, non seulement dans la région, mais jusque dans l'Amérique du Sud.

Comme nous l'avons dit plus haut, les nombreux et vastes monuments que ce développement des institutions et la marche des idées ont fait créer de nos jours, ont plutôt un caractère d'utilité publique que d'art. Il est cependant un établissement, qui, à Troyes comme ailleurs, a pris dans notre siècle un développement qui ne fera que s'accroître et qui exercera sur l'art, il faut l'espérer, une salutaire influence. C'est le Musée de Troyes. Fondé en 1832 par la Société Académique, qui l'administre depuis sa création, il n'a cessé de s'augmenter depuis ce temps ; installé d'abord modestement au rez-de-chaussée de l'ancienne abbaye de *Saint-Loup*, il a fallu, en 1860 et en 1890, lui construire des pavillons spéciaux et des salles nouvelles, qui déjà sont insuffisantes à contenir et à exposer les œuvres d'art qu'il possède. Ces œuvres d'art n'ont pas toutes un caractère local ; des dons, notamment ceux de l'Etat, ont apporté dans les collections des œuvres d'un mérite divers, et qui cependant peuvent servir à l'étude ; mais le caractère propre qu'elles doivent s'efforcer d'atteindre doit résulter surtout de la réunion des œuvres d'art qui, par leur origine ou leur destination, émanent d'artistes nés dans la région ou qui ont travaillé spécialement pour elle. C'est ainsi que dans les salles de peinture, on admirera les tableaux de CHALETTE, de PIERRE MIGNARD et d'autres artistes nés à Troyes, et que dans les salles de sculpture sont groupés les modèles des œuvres les plus remarquables de SIMART, de PAUL DUBOIS, de BOUCHER, de FRANCESCHI et d'autres encore nés dans la région. Énumèrerai-je aussi les collections d'archéologie, de céramique, de ferronnerie, d'émaux, de sigillographie, qui ont spécialement une origine locale, ainsi que les beaux spécimens de la sculpture ornementale, donnés par un enfant du département, M. PIAT, qui, par la réunion de ses œuvres, auxquelles d'autres sont venues s'ajouter, a fondé en 1896, à Troyes, le premier musée d'art décoratif moderne qui ait été institué en France.

S I la réunion des œuvres d'art dans un musée ne peut offrir l'intérêt saisissant de celles qui décorent les monuments publics et tirent une partie de leur effet du milieu auquel elles sont adaptées ou du symbole qu'elles représentent, les Musées n'en sont pas moins destinés à servir puissamment la cause de l'art par l'initiation au sentiment du beau qu'ils peuvent répandre dans les masses. Si à Troyes, notamment, les plus belles œuvres de la sculpture locale de la Renaissance n'y sont pas renfermées, elles peuvent fournir des comparaisons instructives et des enseignements utiles. Les musées sont une des caractéristiques de notre temps. De toutes parts, on en signale la création ou le développement. Nous avons vu tout récemment en établir dans des chefs-lieux d'arrondissement, comme Bar-sur-Seine et Nogent-sur-Seine. Ils peuvent fournir des aliments à l'initiative de la générosité locale ; mais il faut savoir mettre des bornes à un développement qui peut devenir excessif et cesserait d'être salutaire. En voyant les accroissements du Musée de Troyes depuis cinquante ans, nous sommes assurés de son avenir, et souhaitons qu'ils continuent, avec la préoccupation constante de faire prévaloir la qualité sur la quantité. En s'efforçant de préférer le caractère provincial au caractère national ou général, qu'il ne saurait du reste atteindre, il concourra, avec les beaux monuments d'art de la région, à maintenir le foyer d'art local, que les progrès incessants de l'unité centralisatrice risquent d'éteindre ou d'affaiblir.

PIÈCES ANNEXES

I

ARTISTES TROYENS A FONTAINEBLEAU

Nous donnons ici la liste des artistes originaires de Troyes, ou fixés dans cette ville, qui furent les collaborateurs de DOMINIQUE à Fontainebleau. Le comte de Laborde, dans son livre, devenu rare, intitulé : *la Renaissance des arts à la cour de France*, n'a point indiqué leur origine troyenne ; il nous a semblé utile de faire connaître, d'après les savantes recherches du comte de Laborde, quel important contingent la capitale de la Champagne aurait fourni aux artistes qui furent appelés à décorer le château de Fontainebleau.

BLANCPIGNON (Nicolas). Compte de 1540. Nicolas Blancpignon, doreur, 10 liv. par mois.

En 1548, on trouve à Troyes Thiénot, Blancpignon et Michel Blancpignon, imagers, et, en 1563, Symon Blancpignon, peintre. (*Arch. municipales.*)

COCHIN (Jacques). Compte de 1540. Jacques Cochin, peintre, 20 s. par jour.

Le nom de ce Jacques Cochin, qui est un des ancêtres du célèbre dessinateur du xviiie siècle, figure à diverses reprises dans les comptes des fabriques et de la municipalité de Troyes. Grosley, dans ses Mémoires sur les Troyens célèbres (t. I, p. 257), dit, d'après Nicole Pithon, qu'il était, en 1549, peintre, dominotier, et marchand d'images.

COLIN (Charles). Comptes de 1540 à 1550, Charles Colin, jeune peintre, 6 livres par mois.

En 1563, Charles Colin, imager, est chargé de sculpter en bois le modèle du présent que les habitants de Troyes devaient faire à Charles IX à son entrée dans leur ville. *(Arch. municipales, A. A. 44, 2.)*

CORDONNIER (Nicolas). Compte de 1540. Nicolas Cordonnier, peintre, 20 s. par jour.

C'est un des peintres les plus connus de l'époque troyenne et de la famille de ce nom, qui a fourni des peintres pendant plusieurs générations au XVe et XVIe siècle.

HALLAIN (Nicolas). Comptes de 1540 à 1550, à Nicolas Hallain, peintre, 9 livres par mois.

Nicolas Hallain est plutôt connu comme tailleur d'images. Il sculpta, de 1523 à 1527, des bas-reliefs ou des statues destinées à décorer les portails de la cathédrale de Troyes. (Pigeotte, *Étude sur les travaux d'achèvement de la cathédrale,* p. 114 et suiv.).

JULIOT (Jacques). Compte de 1540, à Jacques Juliot, peintre, 20 s. par jour. Comptes de 1540 à 1550, à Jacques Juliot, imager, 14 livres par mois.

Jacques Juliot est presque aussi célèbre à Troyes que Dominique et Gentil. Sa pierre tombale existe encore à l'entrée du chœur de l'église Saint-Urbain, dont il avait été le marguillier. On peut se demander, en voyant le salaire de 14 livres par mois et celui de 20 sous par jour, s'il n'est pas question, dans les comptes, de deux Juliot. On trouve dans différents documents, à Troyes, la mention d'un Jacques Juliot jeune vers 1550.

JULIOT (François). Compte de 1540, à François Juliot, imager, 13 liv. par mois.

JULIOT (Antoine). Comptes de 1540 à 1550, à Antoine, Jacques et Hubert Juliot, imagers, 14 livres par mois à chacun d'eux.

JULIOT (Hubert). Comptes de 1535 à 1537, à Hubert Juliot, peintre imager, 10 liv. par mois. Comptes de 1540 à 1550, à Hubert Juliot, imager, 17 liv. par mois.

C'est ce même Hubert Juliot qui servit, en 1544, de témoin au Primatice, avec Dominique.

POTHIER (Colin). Compte de 1540, à Colin Pothier, peintre, 20 s. par jour.

Il en est de la famille des Pothier comme de celle des Cordonnier; elle a fourni des peintres à la ville de Troyes pendant tout le XVIe siècle. En 1548, Louis, Pierre, François et Nicolas Pothier (ce dernier est sans doute le même que Colin) travaillent comme peintres aux prépa-

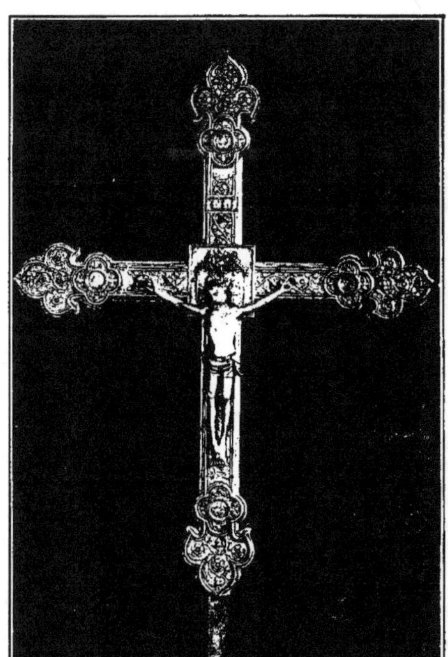

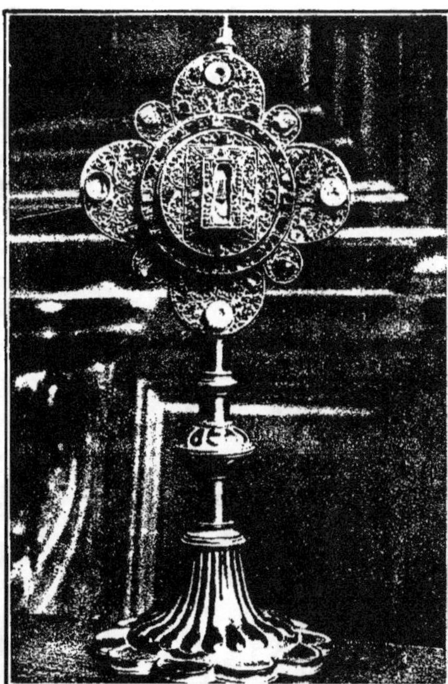

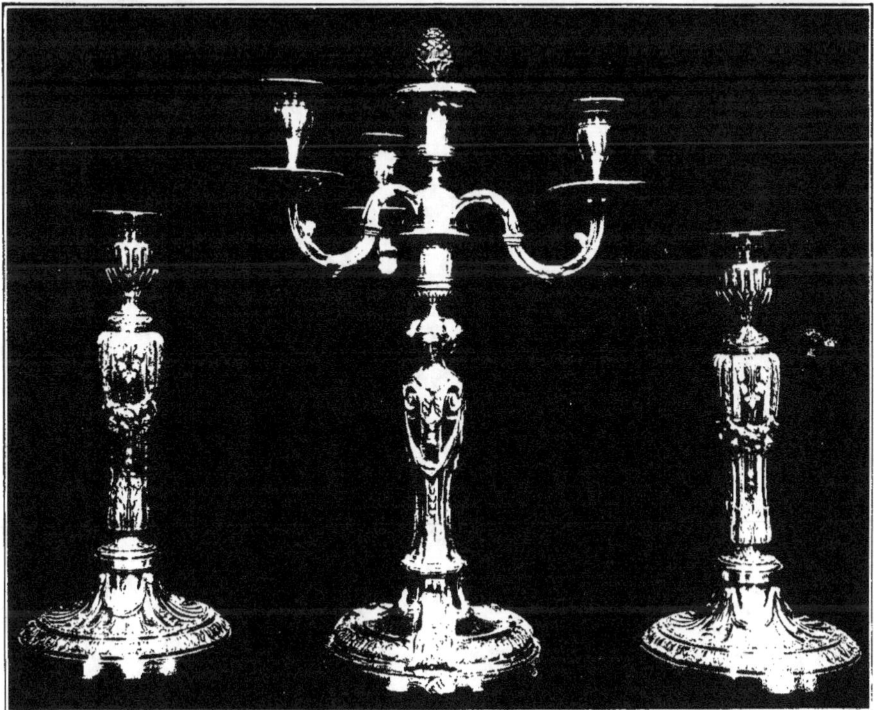

Forchères (Aube). Église. Croix processionnelle, argent doré (XVV siècle).
Bar-sur-Aube. Église Saint-Maclou. Reliquaire pédiculé de la dent de Saint Maclou. Argent
et cuivre doré (XIIIᵉ-XVIᵉ siècles).
Troyes. Cathédrale. Flambeaux, girandole et chandeliers (fin XVIIIᵉ siècle).

ratifs de l'entrée de Henri II à Troyes. *(Archives municipales,* K. 8.)
Les deux suivants appartiennent à cette famille féconde en artistes.

Potiér (François et Jean). Comptes de 1540 à 1550, à François et
Jean Potier, peintres, pour avoir vacqué, sous la conduite et charge de
maistre Sébastien Serlio, architecteur du Roy, aux ouvrages de peinture de deux petits huissets de menuiserie d'une petite arlmoire au
cabinet du Roy.

II

DOMINIQUE ET LES ENTRÉES DES SOUVERAINS

1

Extrait *du compte du receveur de la ville Morise.* (Archives municipales de Troyes, anc. f., carton 55, pièce 32) (28 avril 1548).
Payé à Mᵉ Dominicle Fleurentin, tailleur d'ymages, pour les peinnes
et vaccations d'avoir conduict toutes les besongnes de l'entrée du roy
Henry et de la Reyne pour l'espace de quinze jours.... xxij liv. x s.

2

Extrait d'un autre compte. (Mêmes archives, registre K, 8.) A
Dominicque Riconuri, Ytalien, demor. à Troyes, la somme de xxxjx l. t.
à luy accordée pour ses peines, salaires et vaccations de vingt-trois
jours qu'il a vaqué à l'ordonnance, conduite et façon de plusieurs
ouvraiges et singularitez faictes par raison de la dicte entrée.

3

Quittance de Dominique. Plus receu par moy Dominicle Florentin,
dudit Morise, pour huit journées comançant le samedy xxviij jour
d'apvril et finissant le dymanche sixième jour de May, à fur de trente
soltz ts. par jour, la somme de douze livres tournois. Tesmoin mon
sceing manuel cy mis le sixième jour de mai mil vᶜ quarante-huit.
Signé : Domenico Fiorentino.

4

Ordonnance de payement. (Archives municipales, carton AA, 44.)
Est ordonné à honorable homme Jehan le Tartrier, commis au payement des affaires de l'entrée du Roy et de la Reyne à Troyes, payer
à Mʳ Dominicque Fiorentin, demorant aud. Troyes, la somme de neuf
livres tornois, d'acord faict avec luy pour avoir faict le modelle du

présent et don que l'on entend faire d'argent pour le présent du Roy à sa nouvelle et joyeuse entrée aud. Troyes. — Faict en la chambre de l'eschevinage de la ville de Troyes, le vingt sixième jour de may l'an mil cinq cent quarante huit. *Signé* : Boyau.

5

Marché entre la ville et Dominique (1563). (Mêmes archives, ancien fond, carton 55, pièce 37.

Du dix huitième jour du moys de Novembre l'an mil v^e lxiij, par messieurs les maires et eschevins de la ville de Troyes.

Ce jourd'hui a esté convenu avec Me Dominique Florentin, ymager, demorant aud. Troyes, que moyennant et parmy la somme de quatre-vingts et dix livres t., que lesd. maire et eschevins seront tenuz luy payer, icelluy Me Dominique sera tenu et deument faire tous et chacuns les portraictz et ordonnances qu'il convient faire à la nouvelle et joyeuse entrée du Roy pour le regard de son art et mestier, et pareillement qu'il aura la charge et superintendance sur tous les ouvriers et ouvrages qui se feront pour la dite entrée, et avoir le regard sur les menuisiers, painctres, ymagers et aultres, et iceulx conduire bien et deument pour le faict desd. ouvrages, selon lesd. devis et portraictz qui ont esté acordez par iceux maire et eschevins ; et néanmoins a esté déclaré aud. Me Dominique, que où le Roy ne ne viendroyt si tost par deça, et que au moyen de ce lesd. ouvrages fussent descontinuez, que icelluy Me Dominique ne sera payé de lad. somme de iiijxx l. t., si comme en prorata du temps et des ouvraiges qu'il aura faictz et qui aura vacqué à iceulx. Faict en la chambre de l'eschevinage dud. Troyes, les an et jour que dessus. — *Signé* : Leclere, Domenico Fiorentino.

Au verso. J'ay Me Dominique Florentin, imager, dem^t à Troyes, confesse avoir reçeu de Robert Largentier, recepveur de la ville de Troyes, la somme de quatre vingts et dix livres t. pour les causes contenues au marché et ordonnance cy derrier escriptes, de laquelle somme contenue au marché et ordonnance cy derrier escriptes, [de laquelle somme de iiijxxx liv. t. je me tiens pour contant et en quicte led. recepveur et messieurs de lad. ville. Tesmoing mon seing manuel, cy mis le iiij^e jour de may mil v^e soixante quatre. *Signé* : Domenico Fiorentino.

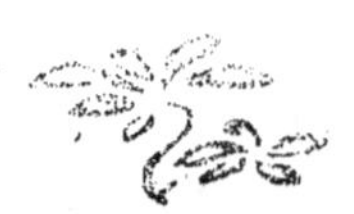

BIBLIOGRAPHIE

OUVRAGES GÉNÉRAUX

Arbois de Jubainville (H. d'), *Répertoire archéologique du département de l'Aube.* 1861, in-4º.

Art Français (Revue de l'), *Les sculptures de Troyes au xive et au xve siècles* (année 1887).

Arnaud, *Voyage pittoresque et archéologique dans le département de l'Aube.* 1837, in-4º (avec lithographies d'Arnaud et de Fichot).

Assier (A), *Les arts et les artistes dans l'ancienne capitale de la Champagne.* 1876, in-12.
— *Comptes de la fabrique de Saint-Jean.* 1855.

Babeau (A.), *Saint-Urbain de Troyes*, 1890.
— *Études sur un bas-relief du couvent des Cordeliers de Troyes et le sculpteur Subert*, 1887.
— *Étude sur Jacques Juliot et les bas-reliefs de l'église Saint-Jean de Troyes*, 1886.
— *L'énigme de François Gentil*, 1901.
— *Linard Gontier et ses fils*, in-8º, 1888.
— *La peinture troyenne au xvie siècle*, 1903.
— *Nicolas Mignard*, 1895.
— *Notes sur Dominique et Gentil*, Annuaire de l'Aube pour 1876.
— *L'énigme de François Gentil*, Réunion des Sociétés des Beaux-Arts des départements, XXVe session.
— *Dominique Florentin, sculpteur du xvie siècle*, ibid., Ire session.
— *Les statues de l'église de Saint-Mards-en-Othe au xviiie siècle*, ibid., XIVe session.

Barbet de Jouy (H.), *Musée national du Louvre, description des sculptures du Moyen Age, de la Renaissance*, in-12, 1875.

Bartsch (Adam), *Le Peintre graveur.* Vienne, 1816, in-8º (t. XVI).

Coffinet, *Les peintres verriers de Troyes pendant trois siècles*, 1858.
— *Saint Lupin et son tombeau*, 1874.
— *Congrès archéologique de France*, XXe session à Troyes, 1853.

Conrard de Breban, *Les gravures troyennes*, in-8º, 1868.
— *Recherches sur l'établissement de l'exercice de l'imprimerie à Troyes*, 1873.

Courtalon, *Topographie de la ville et du diocèse de Troyes*, 1783, 3 vol. in-8º.
— *Histoire de Villemaur*, Ms. de la Bibliothèque de Troyes, nº 2254.

Champollion et **Pfnor**, *Monographie du palais de Fontainebleau*, Morel, 1864, in-fol.

Desrues (François), *Description concernant toutes les singularitez des plus célèbres villes et places du Royaume*. A Troyes, chez Yves Girardon, demeurant en la Grand'Rue, près l'Asne rayé.

Eyriès (G.), *Simart, sa vie et ses œuvres.*

Fréhot (Ch.), *Statistique monumentale du département de l'Aube*, in-8º. 1er vol., 1884, arrondissement de Troyes (cantons de Troyes, Aix-en-Othe et Bouilly); 2e vol., 1888 (les autres centres); 3e, 4e et 5e vol. (la ville de Troyes).

Gaussan (A.), *Portefeuille archéologique de la Champagne*, in-4•, Bar-sur-Aube• 149 chromolithographies avec texte par Arbois de Jubainville, Le Brun-Dalbanne, Tridon, etc.

Gavelle (E.), *Notice archéologique sur l'église de Rumilly-les-Vaudes*, 1896.

Guignard (Ph.), *Mémoires fournis aux peintres chargés d'exécuter les cartons d'une tapisserie*. 1851, in-8º.

Grosley, *Éphémérides troyennes* (réimpression, 2 vol., 1811). *Mémoires historiques.*
— *Mémoires sur les Troyens célèbres.*

Guiffrey, *François Gentil... documents*. Nouvelles Archives de l'Art français, 1886.

Herbet (F.), *Dominique Florentin et les burinistes*. Annales de la Société historique du Gâtinais, 1899.

Jaquot, *Essai sur les artistes troyens*. Mémoires de la Société académique, 1869.

Kœcklin et de Vasselot, *La Sculpture à Troyes et dans la Champagne méridionale au xvie siècle.*

Le Brun-Dalbanne, *La Grille de l'Hôtel-Dieu de Troyes*, 1860.
— *Étude sur Pierre Mignart*, 1878.
— *Les bas-reliefs de l'église Saint-Jean au Marché*, 1864.

Leclanché (Tr.), *Vie des peintres*. Tessier, 1839, in-8º (t. V).

Morin (L.), *Mémoire pour Edmond Joachim Guérard, ancien Président de l'élection de Troyes, contre Edme-Pierre Gentil et Antoine-Jacques Massey, anciens conseillers en la dite élection*, signé : Payen. In-4º.
— *Quelques sculpteurs troyens des xviie et xviiie siècles* (1902). Bulletin du Comité des Sociétés des Beaux-Arts des départements.

Pigeotte, *Le grand clocher de la cathédrale de Troyes*. 1874.
— *Étude sur les travaux d'achèvement de la cathédrale de Troyes*, Didron, 1870, in-8º.

Quevers, *Inscriptions tumulaires de Sens.*

Rondot, *Les Orfèvres de Troyes, les Peintres de Troyes du xiiie au xve siècle* (Revue de l'Art français, 1887.)

Socard, *Bibliographie des personnages de Troyes*. 1882.

Socard et Boutiot, *Supplément au répertoire.* 1861, in-4º.

Vallet de Viriville, *Archives historiques de l'Aube*. 1841.

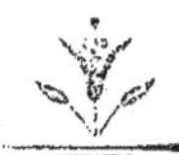

TABLE DES MATIÈRES

—

HUIT PLANCHES HORS-TEXTE

*Achevé d'imprimer le   seize Mars 1919,
par l'Imprimerie Nouvelle l'Avenir
(association ouvrière), Nevers. Clichés
de la collection des Monuments historiques et de la Mᵒⁿ Neurdein. Gravure
de la Mᵒⁿ Jouffroy et Rochefort.* ❦ ❦